走進布農的山

郭彥仁
（郭熊）著

推薦序一　成爲布農人——讀郭熊的《走進布農的山》

詹宏志

小說家甘耀明二〇二一年的作品《成爲眞正的人》有一個關於書名的有趣註解，他說他的書名來源是布農語 **minBunun**，字面上的意思是「成爲布農人」，但布農語裡的布農本來就是「人」或「成爲人」的意思，所以他的中文書名只好叫做《成爲眞正的人》。各個民族起源故事常常都有世界創造的神話，並且解釋了自身的來歷，他們的自我認定當然把自己看成是世界創造的中心，甚至是世界創造的目的，「布農」的原意就是「人」，蘭嶼達悟族的「達悟」也是指「人」，甚至非洲波札那人自稱的「札那」（Tswana），意思也是人。

可是我讀郭熊的這本新書時，卻發現這眞是一個接近 **minBunun** 意義的故事，一位追隨黃美秀老師研究台灣黑熊的研究生、保育者與登山者（所以才有了「郭熊」這個暱稱），在探尋黑熊的過程，進入了傳統布農獵人的山林，因而有了與布農族部落相遇相知的「沈浸經驗」，逐漸體會並學習了布農朋友的山林智慧與世界觀。如今他入山之際，會與布農族人一起先舉行「入山儀式」，舉起米酒杯向山神、布農族祖靈與衆生萬物默念並致敬，並且在山中獨處時也習慣向山神說話（或許看起來只是一個人自言自語）；而在與部落族人相聚時，這些布農朋友也誠心接納他，不由分說地笑鬧著要幫他取個布農族名字，他們說要叫他「烏浪」（Wulang，意思是工作認真的人），彷彿他就是他們當中的一員。

當你深入了解另一個民族的文化與心靈，你會忍不住愛上那個族群，倒過來說，你對那個文化的了解與尊重，也會令自己受那個族群所敬重。在郭熊的例子裡，他因爲對布農的了解，自己也變得愈來愈布農了。我在讀幾位「沙漠旅行家」（包括查爾士．道諦、阿拉伯的勞倫斯，以及威福瑞．塞西格）書寫他們在阿拉伯沙漠中與「貝都人」（Bedu）打交道的經驗，從接觸到被接受，最後變成融入，甚至回到自己的世界反而不自在，都讓我看到和郭熊同樣的過程與情境。

《走進布農的山》其實是一本多種身份的書，也是讓我產生多重閱讀經驗的文本。它有時候像是從事田野調查的博物誌，有時候則像是描寫個人與自然互動啓發的自然寫作，但也有很多時候是個在山中自我觀照的內在告白。書中的若干反省與回憶，也讓我看到作者的內在演化線索：他從一個爬山的人（征服者）慢慢變成生物與生態的觀察者，然後再進入布農人的世界，從學習、對照到感同身受，變成融入山林的自由人，這種「化身」的過程其實是書中隱藏卻最有意思的部分。但我最喜歡的段落，大部分跟他反芻從布農朋友那裡學來的與自然相處的態度有關。他是先從布農族人身上知道了各種他們對待山林的態度與智慧，然後當他獨自在山中時，再慢慢體會這些習俗或儀式的意義，那些山就不再是地理或地形意義的山了。那些山已經變成布農的山，而他自己開始取得了一雙布農的眼睛觀看世界，也進而眞正體會「成爲布農人」的意義。

推薦序二　認識的激情

詹偉雄

郭熊的新書出版了，替他覺得高興，也為台灣稍顯稀疏的自然文學書架，感到「終於有了新生力軍」的——一點點興奮。

出書，有經驗的人都知道，實在不容易。和古典樂近似，一本小一點的書，像奏鳴曲，恢宏一點的如交響曲，它可能先由幾段有意思的巧思開始，然後油然而生一種企圖，揣摩著要以幾段小樂句做基礎，開展成一個包容幾塊大樂章的結構，這其中，作者的知識主題一以貫之，但樂章與樂章間要辯論、詰疑、攻防（所以彼此要有反差）；而尤為重要的，是鬆緊跌宕、引人入勝的感情線索，當讀者或多或少因知性主題燒腦之際，抓著那根微妙線索，他的胸臆起伏、他的情感閃爍——足以灑滿夜空。

好看的書，必然要有飛蛾遠望火光的這點浪漫。

出書不容易，因為現代生活非常剛性，個人有太多的義務，大大小小的欲望，沒有足夠的餘地來好好鋪陳一塊星空（也或者，不足以有時間來積累一點才華）。理解到這裡，我們也才弔詭地發覺，市場上其實大多數的書，未必值得閱讀。許多作者把寫書當作義務，可能連幾句迷人的樂句都沒有，照著出版套路拉拉雜雜發而為文，結集得書。他想說的，十九世紀法國小說家福樓拜稱之為「庸見」（idees recues）。

郭熊這本新書，規模不大，但絕非庸見。

比較細密地認識郭熊，是在日治八通關古道上，接連十來天的拍攝任務，跟著他追蹤野獸的足跡，聽他繪聲繪影描述這隻山豬或那頭水鹿，是在怎樣的情緒下，蹂躪了這塊爛泥塘或那根樹幹。因著台灣黑熊的主要關懷，認識了青剛櫟和形形色色的殼斗科植物，聽他講濃霧如何影響這片森林，季節怎麼創造動物的嘉年華會。

晚上的野營生活，他偶而會說起和布農族耆老的過往，在他從事黑熊研究的那段期間，林淵源大哥和他的兄弟們，如何地用一種謎語般的教學，讓他進入布農文化的知識論世界，一種比較多情感、多同理心、多包容，而非功利和理性的世界觀，繼而，以這種認識為基底，世世代代組合成一套行走世間的道德律則。

我們聽著聽著，感覺到這是一本書的素材，慫恿著他寫出來，這是此書的誕生來歷之一。但我猜想，真正讓郭熊克服現代剛性生活中的框框架架，最終把它寫下來的，應該是心中沒熄掉的一絲火焰——博物學者浪漫情懷。

十八世紀，是西方大航海時代與啓蒙知識論體系遭遇的大格局時光，對上帝擔綱造物主的說不出來的懷疑，促使現代人藉由粗具規模的羅盤指針和工具，要透過自己的眼睛和手指，來認識世界。博物學家在接連幾個世代裡，都是西歐最顯赫的職業。他們搭上帆船遠航，本身就是一種和自然的較勁，而逆著風操作風帆，以之字形前進，又是認識大海的激情的開始。

博物學家這種認識的激情，與當時帝國主義的擴張並行，但博物學家與康拉德小說《黑暗之心》中的非洲掠奪者不同，他們雖不是一廂情願的理想主義者，常常要販售收集來的動植物標本作爲營生，但發現一件新品種的喜悅、見識生命獨特的新姿態，足以讓他們心神蕩漾，克服跋山涉險的痛楚。這過程不僅不斷地重寫著他們自身生命裡各種新敘事邏輯，還衝擊著身而爲人的諸般既定信念——因爲博覽萬物，而成爲「新人」（new man）——光是這種體認，便値得人生所有的付出了。

一八五八年十月到次年四月，英國博物學家亞爾佛德．華萊士（Alfred R. Wallace）在現今印尼的巴占島（Batchian）上進行採集，這一天，如同他在馬來群島七年跳島旅行的每一天，要不是充滿失望的落空，要不就是稀有的驚喜。因而這一天，當他連續兩個月追逐失利，終於親眼目睹捕蝶網裡採集到的第一隻金翅鳥翼鳳蝶（*Ornithoptera croesus*）的那一刻，他是這麼寫著：

隔日，我再去到同樣的灌木叢，成功捕捉到一隻雌蝶，隔天則獲得一隻完美的雄蝶。我發現牠跟我預期的一樣，一個全新、最壯美的物種，也是世界上最華麗色彩的蝴蝶。這隻完美的雄蝶標本，展翅開來有七英吋寬，布滿天鵝絨的黑與火燄般的橘，這橘色顯然取代了同屬類的綠。當我最終捕獲牠時，這昆蟲的美和光輝，筆墨難以形容，也唯有一位博物學家才能理解我當下的強烈興奮。當把牠從網子裡取出來，打開那輝煌的翅膀，我的心臟開始猛烈地搏動，血液直沖腦門，似乎就要昏厥，比我在憂慮死亡將至時感受到的天旋地轉更加強烈。當天我頭痛欲裂，別人看來根本不成理由的原因，竟在我身上產生強烈的興奮。

The Malay Archipelago, Penguin, 2014, p.363

博物學家在田野現場，並不只是用著腦袋中的理性來工作，而是用著他的全身（body）來認識世界。當代人類學家英戈爾德與弗貢斯特（Tim Ingold & Jo Lee Vergunst））在兩人主編的民族誌論文集《行路的方法》（*Ways of Walking*）一書的導論中，以走路（博物學家是最老牌的走路者）來比喻，非常傳神且貼切：「走路並非僅是身體所做的事，走路就是身體本身。」（Walking is not just what a bopdy does; it is what a body is.）

在華萊士的行文中，可以預見「新人」的一些質素：他有不帶情感的客觀觀察，也有發現者的涉入激情。他有全部身體在叢林裡得到的「天、地、神、人」的默會理解，而且，到了惱人的文明世界、發而為文之時，還知道庸見為何，繼而凌空飛過。

在華萊士之前，來自普魯士的亞歷山大．洪堡德（Alexander von Humboldt），是最早敏銳察覺到博物學者迷離身份的第一人，他歷經好幾段非常神奇的南美洲探險，覺得他與地球成為了一個情感的共同體，不論是在亞馬遜森林裡或安第斯山坡上，表層的地球都是活生生（alive）的，「這生命藏於石塊、植物和動物中，也藏於另一極的人類的心臟中」，他將這洞見歸功於由大文豪歌德領政的威瑪公國，所帶給他的學術訓練的影響，「現在的我，已經配置了各種新的知覺感官（new organs of perception）了」。這位「新人」後來成為僅次於拿破崙、歐洲最知名的新聞人物，柏林洪堡大學便以他的姓氏命名。

郭熊這本小書，是帶著新的精神和氣味來到書市的——八通關森林蓊蓊鬱鬱，讀著翻著，我們就走進去了，拉庫拉庫溪水聲滔滔，我們認識的激情察覺了：眾神正喧嘩⋯⋯。

目錄

推薦序一
成為布農人——讀郭熊的《走進布農的山》　詹宏志　003

推薦序二
認識的激情　詹偉雄　006

自序　我心中的山　015

河南岸：日八通關越嶺道

第一章　縱身入熊林　021
第二章　行板八通關　041
第三章　青剛櫟林的動物樂園　059
第四章　**Kaviaz** 與牠的好朋友們　083
第五章　等待托馬斯　099

第六章　我與黃喉貂的短暫相遇　115

河北岸：清八通關越嶺道

第七章　Qaisul 阿公的獵寮　125
第八章　Qaqatu 山谷的等待　143
第九章　溫柔流動的營火　161
第十章　森林密語　177

河南方：美奈田

第十一章　熊、檜木與布農族　191
第十二章　祖靈的禮物　209

後記　發自山林的情書　229

獻給林淵源與所有卓溪的族人。

特別感謝黃美秀老師，謝謝您將我帶入黑熊的世界。

還有最愛的老婆。

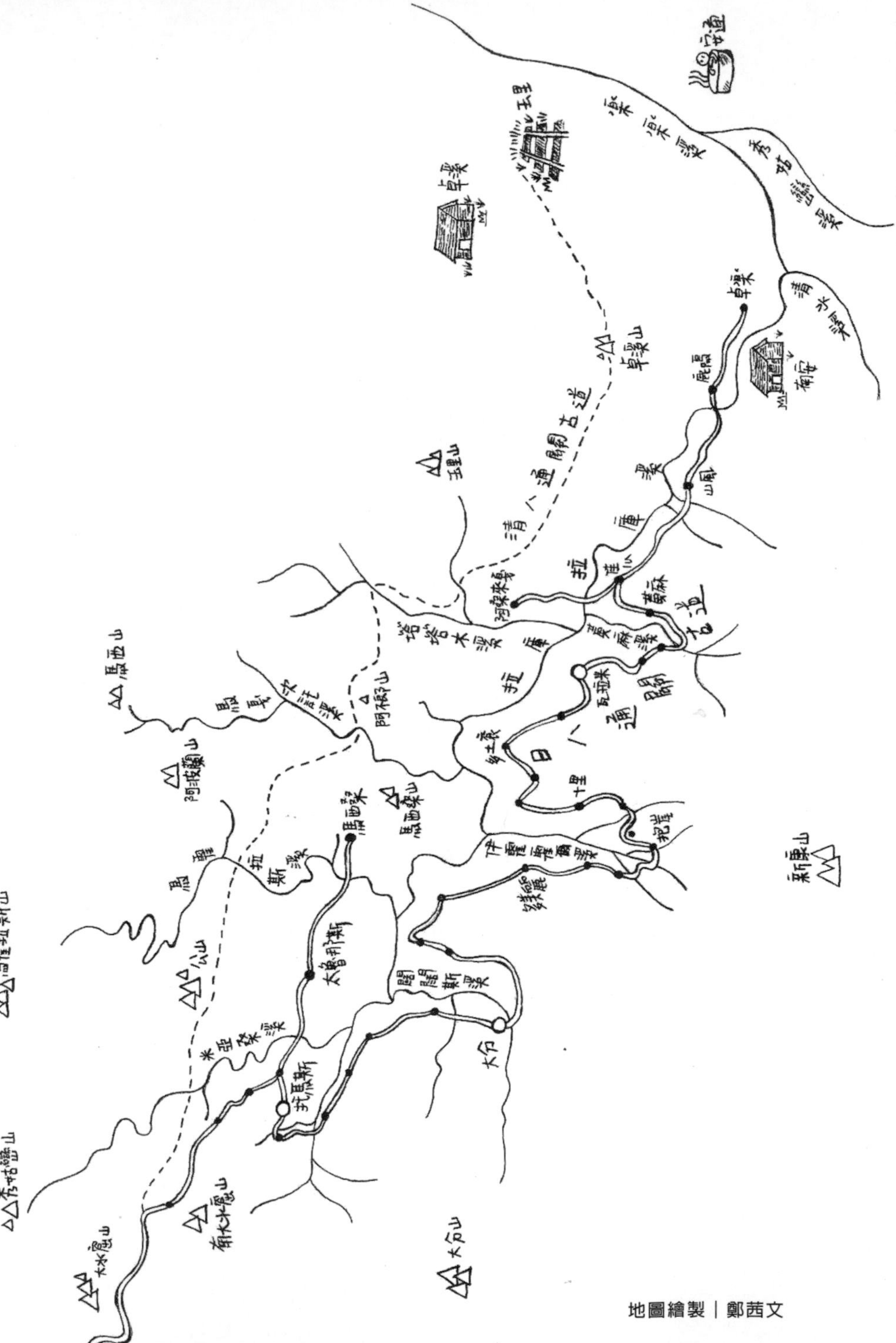

地圖繪製｜鄭茜文

自序　我心中的山

我感覺在山裡，雙眼就像湊近萬花筒之中，華麗繽紛多樣的自然世界就在眼前展開，隨著轉動視角，森林千變萬化，透露無與倫比的美麗樣貌。但是，我從來沒想到開始動筆寫出山的故事會如此困難。

開始準備撰寫這本書的時候，最困難的挑戰是如何描述我親眼見到的山的姿態。一時之間，我不知道從何開始寫下眼中的山，於是，我試著從喜愛的自然文學之中尋找寫作靈感。

在動筆之前，我大量閱讀自然文學。《鷹與心的追尋》讀來溫暖且充滿情緒，我逐步從馴鷹進入作者私密的內心世界。約翰．繆爾的經典歷久不衰。我更對《貝加爾湖隱居札記》這種日記式的寫作方式上了癮，彷彿自己就獨居在湖邊，並且佩服作者刻畫的內心轉變。另一方面，星野道夫一直是我追逐的夢想，我想像自己的文字可以充滿荒野的溫度。

除此之外，科學紀實式的書寫同樣讓我心動，像是《通往世界的植物：臺灣高山植物的時空旅史》，同樣山社出身的旨价，毫不炫技地將田野調查故事與植物地理學完美結合。《雪豹》更將自然文學融入旅遊文學，巧妙將文化、宗教與樸實無華的紀實考察融合在一起，詳細記錄喬治．夏勒博士在尼泊爾的雪豹研究之路。

我就像是站在一座大岩壁下方，不知從何攀起。

我呆坐在電腦前面，不知該如何是好。突然之間，我想到「群山之島」的拍攝過程，程導總愛問所有人：「山給了你什麼？」我試著改變這句話的問法，在內心問自己：「我心中的山是什麼樣貌？」

我試著讓意識離開身體，抽離自身，居高臨下想像山的樣貌，意識到山就是網絡般的萬花筒世界，生命與生命是彼此連動。突然之間，我的大腦開始有了一些山裡的聲音，冠羽畫眉清脆響亮的叫聲、遠方傳來山羌的吠叫、風聲、水聲與樹木搖晃的聲音，以及夜晚大哥們聚在火邊聊天的聲音。

我開始有畫面勾勒這本書的輪廓。在抽取自己回憶的過程之中。一邊細細品味故事，回憶在我反覆思考的過程中如同拍立得的照片逐一顯形，此時，我驚覺自己過去未曾注意的細微事件。這才發現，其實有許多故事早就已經準備好了，只是靜靜待在意識之中等待我的挖掘。

我想起自己投入生態研究，山的萬花筒套疊出一種專注模樣。我聚焦在山徑上出現的細小事物——我習慣記錄物種的轉變，隨手拍下不認識的動植物，期待能新記錄一種不曾見過的植物、動物。

＊　＊　＊

我真正走進山裡是在大學第一年。在美麗的楠梓仙溪永久樣區內做每木調查，當時接觸的第一個工作是在所有胸徑大於一公分的植株塗上橫紋油漆，當作未來測量的基準，一份單調且不斷重複的工作。隨後，暑假開始詳細計數八公頃內所有油漆標注的植物，必須鑑定種類、量測胸徑、畫出相對的位置……

林林總總的基礎測量工作是爲了分析物種的出現比例、優勢度，搭配環境的資訊，推論物種偏好生長環境。雖然單調，但是我被森林給吸引，偶爾驚鴻一瞥的水鹿身影，讓我一點都不懷疑自己爲何喜歡在山裡調查。

我無法自拔地愛上野外調查工作，於是大二背起背包，走入深山參與台灣黑熊研究。我跟著黃美秀老師一起走上八通關越嶺道，步行三天，前往傳說中的有熊國——大分。我們數度走入中央山脈的核心尋找黑熊蹤跡。追逐黑熊的過程，開啓我對環境觀察的敏銳度。一趟又一趟往返大分的路途，滿足了我浸淫山裡的渴望。

老師嚴厲教導我科學工作應有的態度，我嘗試將眼前的森林化成數理模型，學習如何用科學視角解釋世界。然而，平時不多話的大哥，在夜晚喝醉後突然熱情講起山裡的故事，我驚覺布農族對山林的詮釋是如此迷人，山的萬花筒瞬間變成布農族式的自然世界。

布農族跟熊很有關係喔！黑熊就像是人，布農族有很多黑熊的故事。你如果要在這邊做研究，我慢慢講給你知道。

我半睡半醒之中，在筆記本寫下一段又一段的故事。

郭熊，我來跟你說個故事。

很久以前，天空有兩顆太陽輪流照射，大地沒有黑夜白天的區別。布農族獵人躲在山棕葉片下，用弓箭射下其中一顆太陽，而另一顆太陽害怕，躲在山的後面。

這下大地陷入徹底黑暗，連小米都沒辦法生長了。

有一天，婦人想去溪邊取水，但是不知道該往哪個方向去。於是她撿起地上的石頭四處丟。石頭掉進水裡會發出撲通一聲，然後她就可以慢慢朝聲音方向走過去。

沒想到，她朝草叢一丟，卻傳來一聲響亮的吠叫聲！

原來，石頭砸到山羌的額頭，山羌痛得大叫，竟然把太陽從山邊趕出來，於是大地恢復正常，不過山羌的額頭就有一塊黑色斑紋。

山羌是屬於清晨的，夜晚領角鴞的叫聲是飛鼠的鬧鐘，聽到領角鴞在叫，我們就可以準備打獵了。

我眼中的萬花筒往返於科學與感性之間。我嘗試分析動物行爲，卻也著迷於獵人眼中的眞情與觀察的山。山羌不只是一張日活動相對頻度表，也是獵人眼裡太陽的鬧鐘，還是黃喉貂與熊鷹的獵物。台灣黑熊不只是瀕危物種，更是布農族眼中獨一無二的森林巨獸。我在無數夜裡聽著大哥們說著狩獵與動物的故事，當然還有遺落在山中的米亞桑（老家）。

書寫開始有了進度，我想起過去大哥邊走邊講的回憶。長輩口中的山，因爲有了溫度，眼前這片迷霧森林被賦予「家」的意義。將近十年的時間，我一次次走入拉庫拉庫溪流域，聽著山與溪谷的故事，觀察著大哥如何走路、如何生火、如何用布農族的視角觀察森林。我在布農文化的薰陶之中，逐漸脫去登頂的渴望，轉而對未知的森林展開探索。

我發現自己的身體正逐步渴望成爲眞正的人。我在入山前會進行祭告，每次接到酒杯會點出三滴米酒跟靈分享，知道如何辨識山裡種種跡象。我想我應該可以試著跟大家分享這樣的感動，如此自然而然地寫出了第一個故事〈Kaviaz 與牠的好朋友們〉。

書寫的過程如同萬花筒一般，場景變化萬千，但思緒清晰。我如行雲流水寫下在山屋與大哥們喝到宿醉，隔天遇到百步蛇的經驗。我放縱感官引導文字去跳躍。之後，我在一個又一個故事之中，寫下大哥們曾經說過的話，寫下自己親眼看見飛越樹冠的熊鷹、鼻子嗅聞水鹿的騷臭味、震撼靈魂的巨大台灣杉，還有占了我生命超過十年時光的台灣黑熊。

對我而言，這些故事都是獨一無二的經驗，屬於某一時刻。我將這些曾經感動自己的經歷當成情書在寫。但是，我始終還是有點擔心，畢竟山裡的故事只有在山裡講述才能產生共鳴。因爲唯有身體經歷過，眞切感受雲霧繚繞的紅檜森林、凝視夜晚營火帶來的溫暖、目睹水鹿奔跑的生命力……唯有經歷過，才能體會靈魂對山的共鳴。

如今，我持續用萬花筒看著眼前的繽紛森林，享受自由自在步行在無路的森林之中，閱讀繽紛自然帶來無與倫比的震撼。我還是腳步輕盈，心情愉悅地追蹤每一次新發現的黑熊足印，繼續走向未知的森林。有時，回望過去，我總會想到，如果當年沒有毅然決然縱身跳入熊林，沒有遇到布農族，我會是怎樣的登山者？

第一章　縱身入熊林

山屋的氣窗才剛透出微弱的晨光，我就迫不及待拉開大水窟山屋的大門。一陣冷風灌入山屋，吹亂爐火。等眼睛適應戶外光線之後，看到前方是一片結滿白霜的箭竹，山坡之外的天空呈現靛藍的圓弧形。

好天氣！

我迅速將裝備塞進背包，走出山屋，朝東側寬廣的箭竹草坡走去，每踏一步，充滿韌性的箭竹立刻反彈，一路作勢把我推下冷杉森林裡。山坡漸漸窄縮成明顯的通道，交織的獸徑隨著地勢逐漸收納，眼前出現一條明顯的山徑。

這邊有水鹿的腳印和排遺，一旁冷杉樹上也有鹿角磨過的痕跡。

小檗和馬醉木之間有山豬的拱痕。

玉山圓柏、刺柏、冷杉……這是什麼種類的杜鵑呢？

我精神抖擻，在樹林裡尋找通行小徑，嘴巴念念有詞。不知何時養成的習慣，我總是一邊爬山，一邊把眼前看見的植物和動物，一種一種念出來。

獸徑直直穿越冷杉林，水鹿的腳印保留在凍硬的泥土上，仔細一看，還有山羌，也少不了野豬與台灣獼猴的足跡。這是一條使用數百年的古老山路。冷杉混雜少許二葉松樹，茂密的刺柏與懸鉤子叢卡在大樹腰間。我邊走邊看，學習動物的步伐，在刺柏間左彎右拐，巧妙避開圍籬般的灌木。

突然之間，我在稜線高處發現一株玉山圓柏，靜靜豎立在刺柏叢旁，樹皮泛白，樹型不高，蜿蜒的枝條讓人輕易就能注意到。無需太多植物生態學的知識，即可知道這是一株平凡的古木。玉山圓柏披針形的樹葉隨風延展，如同瑜伽舞者，平靜從容，優美而禪定。樹姿順著山勢延展至極致，樹幹接近蒼白，但仍有些許肉色，生命存在於有與無之間。時間在玉山圓柏上似乎已經停止，它是否以此姿態屹立於此超過百年？

我停下腳步，才注意到周遭的玉山圓柏一一現身。細數著這片在最惡劣的環境之中形成的樹林，一株又一株比鄰依偎，亦有獨立於箭竹叢之上。強風如同過分嚴厲的導師，對著玉山圓柏咆哮，雕塑每一位舞者的姿態，不留餘地，而玉山圓柏默默承受淬鍊，任憑一次又一次的強風雕塑張力絕佳的婀娜舞姿。

只是偶爾還是需要用力撞進刺柏叢。

我看著眼前生機盎然的刺柏樹，感到難以置信。這種高海拔常見灌木比玉山圓柏更具生長優勢，普遍出現在向陽的稜線上。每次行走在高山無人徑的山區，若有必要穿越刺柏叢，我總會先看好獸徑的空隙，深吸口氣，然後奮力向前衝，那瞬間，刺柏一如其名，即便隔著衣物依然能感受到鋼刷擦過皮膚般的刺痛。

在計算穿越路線的同時，我注意到刺柏樹枝上有成串球型漿果，這會吸引台灣獼猴前來，成群蹲坐在樹旁細心挑揀。我挑了一顆乍看成熟的果實，謹慎放入嘴中。咬破果實的瞬間，植物鹼在口中炸開，我想也不想就把果實吐出，還是留給獼猴或野豬去享用吧！

海拔不斷下降，我很快脫離刺柏灌叢，逐漸進入二葉松林。比起層次豐富的闊葉森林，松樹林格外簡單，松樹排列成幾何形狀，馬醉木與金毛杜鵑鑲在樹下盛開，底層松針鋪地形成柔軟的腐質層。從外觀一眼即可發現針葉樹和闊葉樹有很大的差異。二葉松觸手可感覺厚厚一層粗糙龜裂的樹皮，那是它度過惡劣環境的秘訣，葉子爲了減少水分喪失特化成針束狀，掛在樹梢枝條末端木質化的毬果成熟之後，種子隨風散播到新的裸露土地上，喜陽且生長迅速，讓二葉松迅速長成一片純林。

山風吹來，二葉松樹葉的摩擦聲瞬間塡滿耳際。我站在強風之中，伸手觸碰匍匐的芒萁，再摸摸一旁二葉松斑駁粗糙的樹幹，想要從身邊的大樹開始，嘗試由近至遠聽見不同方向的聲音。此時此刻，風主宰了一切，風聲如浪潮般陣陣傳來，森林也任風擺布，樹枝被扯得狂亂無章。

我穿越一片又一片草坡與樹林。灰白色的松蘿掛滿樹梢，金黃色的松針蓋滿地，芒草稀疏。小心翼翼繞過川上氏小檗和金毛杜鵑，在獸徑交錯的松針地上仔細觀察是否有任何人工整地的痕跡，隨後停在一棵二葉松前，放下背包，拿出指北針與地圖校正方向，確認自己未偏離稜線。我被三千公尺以上的高山所圍繞，北方是馬博拉斯山，南方是新康山，後側是中央山脈的主稜，山谷朝東通向大海。

我盯著秀姑巒山向東南延伸的一條明顯山稜，從山頂高處逐一向下檢視，在裸岩稜線轉成箭竹草坡時瞇起眼睛，想確認是否有宛如黑點般的動物身影正在移動。

幾處積滿泥水的凹地鑲嵌在箭竹叢間，草原與樹木之間有道明顯的邊界。海拔逐漸下降，森林轉爲更深綠的闊葉樹。一處寬廣的平台出現了，那是公山的山頂，一座隱藏於拉庫拉庫溪深處罕有人跡的中級山，而後稜線持續陡降，消失在雲海之中，正是太魯納斯駐在所的所在地。

古道雖然消失在腳下，但動物的山徑卻仍然活躍。

樹下的積水泥地滿是足印，新的腳印重重踏在舊的足印上。一群山豬把爛泥推成土堆。泥池旁的松樹被刷上厚厚的白色泥灰，水鹿、山豬都非得要摩擦背部，留下到此一遊的證據。

我想像獸路上，水鹿輕快地踏步離開，一邊甩動身體，抖下的泥巴變成雨滴狀的小灰點。看著種種跡象與想像畫面無縫套疊，我開始期待趕快遇到動物，一頭水鹿都好。

回想過去的足跡，起初，我只是心向百岳的登山客，意外跟著黑熊踏入熊徑，跌跌撞撞進入布農族的世界。

＊　＊　＊

記憶中第一次和山產生連結，約莫在十二至十三歲，升學壓力正流竄在各個學科之間。在苦悶的國中時期，有天我偶然在圖書館書架上看見一整排日治時期博物學家的傳記，每一本的書名都強烈吸引著我伸手從書架拿起，無論是描述森丑之助一生故事的《生蕃行腳》、初次踏上蘭嶼的人類學家《鳥居龍藏》、鹿野忠雄迷人的大作《山、雲與蕃人》……我不知道書中這些人是誰，但是立即掉入魔幻世界般的探險情節。從此探險家就像站在教室的窗外不斷呼喚著我加入未知的山脈踏查。

我看著鹿野忠雄在攀登玉山東峰前寫下「抵達新高駐在所後，我的眼睛和我的心，立刻被東峰的崢嶸英姿深深吸住……人總會改變，但是唯有山是永恆不變」，不禁開始想像山的「崢嶸英姿」會是何等的樣貌？

為什麼才高中生年紀，鹿野忠雄就敢一個人上山？

真的會像原始人一般吃生肉？

蕃人真的很凶嗎？語言不通的狀況下，怎麼溝通？

高山起霧下雨的夜晚，肩並肩靠在一起睡覺不冷？

因為行程延誤，沒食物只能忍耐飢餓，這樣難道不怕餓死？

爲了逃離無趣的課堂，我在短暫的下課時間衝過穿堂，跑到圖書館拿起架上的書籍，隨意翻開一個章節，進入探險的白日夢世界之中。

「蕃人把鹿肉切成大塊，放在炭火上燒烤，我滿口咬著大塊肉……鹿腦也試著生吃，……現在既然茹毛飲血，我有信心當一個布農人。」

當時我年僅十三歲，邊讀著書中超出生活經驗、生動寫實的情節，邊感到不可置信，忍不住一頁頁翻下去，細細品嘗一段又一段驚險萬分的山旅踏查。

一百年前的台灣，竟然會出現印地安納瓊斯的冒險情節。感覺非常刺激。我想要像博物學家一樣在山裡面探險！

我在內心這樣告訴自己。

我把青澀的幻想帶到大學，直到偶然來到八通關越嶺道路，意外接觸到當年書中讀到的布農族。

那是我參與黑熊調查的初期，對於山與原住民文化還非常陌生，只是單純想要爬山而已。但第一次走上古道，我的目光就被沿途的史蹟吸引，除了一站又一站的駐在所遺址，山中還有許多布農族的舊部落。

在花蓮縣卓溪鄉中正部落，當地部落大哥的米亞桑（**mai-asangg**：老家）是在拉庫拉庫溪的北岸，屬於巒社群（**Takbanuaz**）。部落難得有大學生（部落大哥對外來年輕人總是如此稱呼）來，幾杯米酒下肚，部落 **tama**（叔伯、父親）就熱情對著初次造訪部落的我說起故事。

「我們是巒社……跟另一邊不一樣，布農族有五大社群……最早在南投，然後開始分家，所以語言也會有點不一樣，像是我的名字發音叫 **tiang**，但是海端那邊發音叫 **ciang**。還有文化也不太相同。」

回想一小時之前，我才剛走下火車，搭上發財車抵達部落。短短的車程，彷彿進入陌生的國外。布農族語混雜國、台語三聲道，特殊的語調和原住民式的倒裝語句，我有聽沒有懂，只能點頭附和，隨著米酒輪杯數回合之後，精神逐漸不濟……

突然一句「我幫你取山地名字好了！」又把我給驚醒！我不知道要如何回應。一陣靜默過後，「不然你身材這麼高大，叫……**Long**，我們部落名字叫 **Long** 也很高大。」

旁邊的 **cina**（布農語：媽媽）聽到，放下酒杯，瞪著大哥搖頭說：「**Long** 不好……

Wulang 比較好，他在部落是認眞的男人，天還沒亮就出門工作。」

只見對話突然熱烈起來，七嘴八舌之後，彷彿表決通過，「你叫……好啦。」

來到部落的第一晚，我有了布農族的名字。只是隔天早上大家逐漸清醒之後，這件事就彷彿沒發生過。這樣取族名的插曲，總是會在酒過幾輪之後發生，但是說來好笑，從來沒人記住我的布農族名字。

幾年之後，部落大哥有時會像想起什麼大事一樣，突然問道：郭熊，爲什麼你沒有部落的名字？

此時，我早已不是當年青澀的小伙子，俐落乾下手上的米酒，對著大哥說：「大家都習慣叫我郭熊，習慣比較重要啦，所以不用刻意取布農名字，大家都知道我是誰呀。所以叫郭熊就好啦。」

由於對於黑熊研究的熱愛，我越來越頻繁往返八通關古道。只不過老師和學長都會耳提面命，入山作調查一定要到部落打聲招呼，不知不覺我就養成習慣，每次入山都會到林淵源大哥家，一方面說明入山天數，同時也詢問路況。

林大哥是卓溪在地族人，過去在玉山國家公園擔任巡山員，從小跟父親遊走於拉庫拉庫溪兩岸的山脈之間，清楚舊部落的位置，對於野生動物的生態有獨特的獵人詮釋。大哥帶領過許多研究人員進出拉庫拉庫溪，幾杯米酒下肚之後，除了聊台灣黑熊、山羌、野豬，他最津津樂道與楊南郡老師踏查兩岸古道的往事。因此，我總會在前往大分的前一晚去找他，聊聊過往的故事。

夜宿林大哥家成爲我認識部落文化與酒量養成的起點。在野外調查密集的月份，有時候碰巧遇到大哥們放假，拉著小板凳，坐在家門口前烤肉小酌，左一句，右一句，族語參雜著漢語，在酒酣耳熱之際講起山裡面的故事、狩獵故事、童年的故事、布農族神話、生活趣事……無所不說。

我在酒精催化之下，有時喝多，抱著頭想睡覺，半醉半醒努力聽著。布農族的山林世界不知不覺在我心中打下無形的地基，年少對於獵人的輪廓的想像，逐漸顯影成爲部落大哥們爬山的樣貌。

「你是美秀的學生，所以一樣，我也要照顧你。」林淵源大哥一口灌進米酒之後，感性地抬頭對著我說。

越往山裡走，大腦越是活躍。

＊　＊　＊

我沿著小徑，慢慢左右迂迴而下，身旁的二葉松微微搖晃，風如蜘蛛絲般掠過身旁的針狀葉，時而緩慢，時而急促，卻不曾停止。風跟著蜿蜒溪水從瀑布頂端加速墜落。風撞擊石頭。風推向高空上，失去動力之後，從山頂緩慢降落，鑽入林間。風在稜線上滑動，隨著陡坡而加速，又突然停在鞍部上，而後又一次加速，穿過整齊劃一的松林，發出優美的海浪聲。

突然，耳邊溪水聲越來越清晰，風與水在森林中產生共鳴，群山正在喃喃自語。下溪之前，環境更顯潮濕，明顯的稜線與松樹林逐漸消失。

當我陷入回憶之中，一抬頭才發現已經走入鬱蒼的闊葉林。

在距離溪谷不遠處，高大的紅檜大樹出現了，樹根從腐質層鑽出，在石塊間四處蔓延。面對鬆動的土石，紅檜從小樹開始就必須長出各種奇形怪狀的反應材。此時此刻，我站在大樹底下，看著眼前如同血液般胭脂色的支撐材，那就像是用盡全力收縮的肌肉，使勁向下撐住，讓陡峭的山坡逐漸安穩下來，不至於再度崩落。

我站在浮起的樹根上，抬頭看向大樹，約莫在樹高一半之際，樹身分岔成兩根巨大的樹幹，毫無極限地朝天空伸去，分不清哪一根才是主幹。一旁有棵樹幹長滿青苔的森氏櫟。

大樹交織成蔭，獸徑阡陌其間。身旁一條獸徑上，新鮮的山羌排遺躺在落葉堆之中。不遠的鐵杉樹後，陣陣狗吠般響亮的羌叫傳來，是否就是剛剛路過的山羌呢？吠聲沒入米亞桑溪拍打石壁的渾厚水聲中，我跟著水鹿的路順勢朝溪邊前進。這片以巨木爲主的森林，正是我內心對於荒野想像的寄託。

抵達米亞桑溪前，瀑布巨大的共鳴聲越來越立體。我在大樹後面隱約看見傾瀉而下的巨大水流，才剛站穩腳步，溪邊琉璃草叢突然竄出兩隻母水鹿。瀑布聲掩蓋奔跑的蹄聲，不到幾秒鐘，母鹿就消失在前方的森林裡。

我在溪畔平台邊放下全身裝備，眼前的深潭呼喚著我下水，於是趁著太陽還未消失，我一股腦跳入水中，身體瞬間麻痺，趕忙在失溫前快步爬上岸邊，像蜥蜴趴在大理石上，吸取陽光與熱度。

夜晚的星空，讓人捨不得閉眼。

* * *

隔日我緩慢從米亞桑溪賣力爬上公山。我慢慢從闊葉森林爬回二葉松林。爲了在滑溜的松針地上站穩，腳趾隔著鞋墊用力朝下抓著地面，一路氣喘吁吁爬向稜線。

拉庫拉庫溪流域有許多布農族的舊部落遺址。由清朝至日治時期，國家力量都介入開鑿道路。兩代八通關越嶺道在大水窟分道揚鑣後，清代道路朝東直下米亞桑溪，緩繞公山並通過東側的部落 **Nanatuq**（布農族語：很多薗草的地方），清八通關越嶺道繼續朝東而去。我站在鞍部上思考是否要繼續順著古道走？看著古道與稜線交錯，臨時起意這次順著稜線走向日治時期所建築的太魯納斯駐在所。

對於登山客而言，日治八通關古道是認識原住民文化與自然生態之路。這一區有豐沛的自然資源，要目擊野生動物並非難事，沿途的駐在所與舊聚落更讓人敬佩。但是對於花蓮卓溪的布農族人來說，這裡是祖先從前生活的家。

太陽越過中央山脈之後，森林完全隱沒在濃霧之間。霧氣凝結，水滴從樹冠上墜落，落在稀子蕨的不定芽上。低矮的白新木薑子上，蜘蛛網掛滿攔截霧水變得灰白，天色在行走間逐漸轉暗。

＊＊＊

爲什麼喜歡山，爲什麼想要登山？要從何說起？

讓我印象深刻、無法自拔的，並非登山家跑到群山峻嶺去攀登高峰的經歷，而是研究者在山野撰寫的科學調查故事。

喬治．夏勒博士就是帶著無畏精神的野生動物研究者。

一九七三年，彼得．馬修應喬治．夏勒的邀請，與他一起前往尼泊爾西北側鄰近西藏的高山地區尋找喜馬拉雅藍羊與雪豹。在他們抵達之前，僅有極少數的西方冒險家曾經目擊野生雪豹。

馬修在其著作《雪豹》描述夏勒有時會大發雷霆、咒罵，有時氣餒，有時如同小孩一般興奮不已。書中寫到離開林莫村時，兩人必須靠著懸崖走在狹窄的山道，山道位於深溝上，架著幼樹搭成的薄鷹架，岩壁上連最小的手點都沒有，危險至極。

通過險路時，馬修心跳加速，身體不聽使喚，最終用雙手雙腳著地爬行，彷彿經歷一輩子之後才平安通過，此時卻聽到一旁夏勒淡淡地說：「終於有一段像樣的山路。」馬修的描述相當生動，我完全能想像喬治．夏勒擁有博物學家受到冒險與對荒野的吸引，熱愛野生動物也充滿關愛之情。前往野地，並且貫徹科學研究的嚴謹態度。

我對喬治．夏勒崇拜不已，也翻閱他的許多著作，最佩服的是科學家對於自然的熱情並未隨著年紀漸增而消失。他的自傳《與獸同在——一位博物學家的野外考察手記》有一段豪情萬丈的自序：

有人說，博物學家退休後，就會撰寫序言、發表回憶……我並不是為了追溯往昔而出版這部文選，我的興趣在未來……寫下這篇前言的草稿時，我正在阿富汗北部的群山之間做馬可波羅盤羊調查。

《與獸同在——一位博物學家的野外考察手記》

我第一次讀到喬治．夏勒的十年之後，有幸在一場國際研討會遇到本人。我站在會場一旁，注視著他。雖然夏勒博士年事已高，但站姿依然挺拔。不同於書中充滿豪氣、直率的嚴謹學者氣息，他穿著西裝，多了一份老派紳士溫文儒雅的謙虛。

在休息餐會上，我總算逮到空檔，鼓起勇氣朝他走過去，簡單自我介紹，就大膽的向他提問：「我非常喜歡在山上作研究，即使最惡劣的山區都甘之如飴。請問我要怎麼做？

才能像你一樣持續在山裡面做研究。」

他看了我，又看了一下其他人，慢慢說出：

Follow your heart. Just do it! There isn't anything that will be a problem.

Follow your heart。帶著白日夢的幻想，朝未知的山脈走去，越深越好。

我將登山的渴望投射在博物學家式的探險科學研究世界之中，未曾離開山，反而更加投入森林與野生動物世界，也嘗試效法博物學家全心全意的堅持，永遠把筆和手札本放在胸前口袋，一邊詳實記錄各種自然物候變化，一邊抽絲剝繭推測各種可能的原因。

* * *

入山的第五天。

突然之間，稜線右側出現一面圍牆，另一側還有一個功能不明的凹洞，不遠處還有另一面圍牆。我知道自己已經進入舊部落的區域。

當年，森丑之助也是這樣走進部落吧？

他無法得知溪的下游發生出草，拉庫拉庫溪散發著肅殺的氣息，他卻悠哉來到太魯納斯，一定遠遠就聞到營火的香氣，聽見部落友人的擔心問候聲。

如今此地空無一人，不遠處有動物奔跑離開的聲音。我停在一棟家屋的石板廣場前，放下背包，拿出餅乾，將米酒倒入杯中。喘一口氣，調整好情緒，單腳跪在石板屋前，閉上眼，默默對著舊部落進行祭告。

張開眼睛，傍晚的森林卡上一層深灰色的霧氣，空氣似乎變得濃稠，濃霧之中，未跑遠的水鹿停在前方不遠的谷地吃草。我站在霧氣之中，宛如不存在。

記得剛開始跟部落的長輩一起上山，看著大哥們熟練地拿刀開路、劈砍木頭，生火煮飯。我主動借到山刀想要幫忙，用力朝木頭一劈，刀子卻不受控制地彈飛，反彈的作用力讓手腕扭了一下。

第二次我有心理準備，前臂用力握緊刀柄，再朝木頭用力劈下，刀切過木頭表皮，直接朝地上的石頭劈落，噴出火星。

我心虛查看刀刃是否因此破損。

準備第三次的時候，大哥受不了，走過來，把砍木頭的工作接了過去，叫我在一旁看。

「大哥，請問如何才能生火？」

「大哥，山刀要怎麼用？」

在山上我把握機會詢問。

「不要砍到自己的腳。」

大哥們一看到我拿起刀，就總是笑著說。

看似簡單的工作，爲什麼我做起來如此困難？

跟著山裡的人學習，成為山裡的人，是我的期許。

不僅是山林的知識與技能，也包含思維。

夜晚，我在筆記上寫下這段文字。

在入夜之前，我放下背包，搭起外帳。撿拾適合燃燒的木材，隨後。篝火冒出，營火照亮了森林，逼走寒氣，火形成一個溫暖的空間。我坐在火邊回想當年青澀的樣貌。

如今，我愉悅的漫步在無路徑的森林之中，期待不遠處可能就有一頭黑熊窩在鬼櫟樹上。想著自己可以無拘無束的地爬山，仔細的判斷環境的訊息。我跟著野生動物路徑，避開危險地形，即使在雨中，也有信心生起營火，知道如何拿取挑選適合生火的木頭，在森林裡知道如何靠近野生動物不被發現。

走在山裡的眼睛，不再只是盯著山頭，而是留意周邊森林之中的種種跡象。這全都是緩慢練習，從過往經驗不斷累積經驗的結果，緩慢在熊林之中逐漸養成。

第二章　行板八通關

我開始在花蓮大分參與黑熊研究的期間，有次在國家公園擔任巡山員的林淵源大哥也一同上山。我們每天早上提著紅白色塑膠網袋出門，從山屋後方走進大片的青剛櫟森林，收集掉在種子網上的青剛櫟落果。

野外調查其實一點也不複雜，像是工廠標準作業化的流程，我們一站又一站的檢查、收集與填寫紀錄表格。不過，越是單純重複的動作，越能讓身體逐漸適應山中的節奏。

當時工作的模樣，至今我還清楚記得。

在山上林大哥永遠只有一套標準裝扮。他出門前會把毛巾綁在頭上當頭巾用，嘴巴咀嚼檳榔沒停歇，胸前掛著DV，手拿枴杖，腰間配著山刀，再把溪水混著黑糖粉裝進水壺內。他總說喝黑糖走路才有力量。

走在森林裡，大哥很少開口大聲講話，多半是用動作提醒我們應該注意的地方。休息的時候，他有時會舉起手，指著對面山坡，對我們描述舊部落的位置。

「Ludun（儒潤）在那邊，Libus（雷波斯）在那邊，對面這邊是 Hahavi（哈哈比），Libus 和 Hahavi 中間還有……」

林大哥的手在空中晃動，不停指認河床對岸的山坡。

「等、等等……大哥，慢一點！我來不及寫下你說的地名。」

於是他停下來，再一次從頭描述。但是我非常不善於用羅馬拼音書寫，乾脆停下筆來聽他講。

突然，林大哥停下說明，轉頭對著我們說：

「郭熊，在這邊做研究，要尊敬。很多老人家在這邊。」

一時之間，我不知如何接話，只在內心默默說：「好。我會尊敬。」

我初到大分時，沒有太多經驗，調查工作全按照學長的分配去執行。當時黃美秀老師爲了調查大分地區青剛櫟產量與台灣黑熊活動的關係，開始招募調查志工，而我就興致勃勃地報名加入了。

志工的工作是統計當年青剛櫟結果的數量，所以每年十月青剛櫟成熟前，我們先在樣線上的大樹下放置一面一公尺見方的種子網，等果實成熟開始掉落，就每個月上山一次，計算網子上的果實數量。

從種子網收集到的落果推估當年的產量，所得是產量多寡的相對數值，這也說明我們永遠不可能掌握自然的全貌。相較於收集果實的科學研究工作，當時的我更滿足於每天在山裡面的調查時光。

「郭熊，你不是去做黑熊研究？怎麼感覺都在從事森林系的工作，數果子、調查植物物候，怎樣也不像是在從事黑熊研究！」

「因爲，我們必須知道結果的產量啊。不然怎知道每年黑熊來大分的狀況。」

我把實驗室學長告訴我的話，原封不動地轉述給同學。我只覺得能上山就好，但是身邊朋友還是有點無法理解我明明是從事野生動物研究，爲什麼整天在數果子、調查植物的產量。

不過，我當時也還不清楚自己會用怎樣的心態，看待通往大分的八通關越嶺道。更沒想過，從第一次到大分之後，如今已來回這條路五十次以上，我的身分也從志工轉爲研究生，畢業又成爲研究助理。八通關越嶺道的調查時光，占據了我十年以上的人生光影。起先，我去大分是爲了一償深山調查的願望，但在一次又一次往返的途中，不知不覺大分成爲我心靈的原鄉。

大分，堪稱台灣最遙遠的生態研究樣區。不過從登山口走到大分，路途其實並不艱難，但是必須將研究器材、登山裝備、食材全數扛在背上，那才是最大挑戰。因此，我無時無刻不在絞盡腦汁，思考如何減輕裝備重量。山區也沒有訊號，如果碰到研究問題，都必須靠自己當機立斷。

大部分調查工作都在大分山區進行，前往山屋的古道路程，便成爲我與山的對話時間。山風登山口到大分單程三十九．七公里，步行三天，這樣的距離與行走時間正好足夠我拋去意識包袱，回歸自然的模樣。

「前往大分做研究」，聽起來是達成目標的終點，事實上恰巧相反，更像是回到山的世界定居。雖然入山帶有任務，但是心情上卻可以短暫放下山下一切包袱，順著古道一路走進山最荒野的世界，讓自己能夠進入山的身體之中。

多年不斷來回，對原本視爲苦途的山路反而生出一股強烈且無法割捨的情感。我清楚記得愉快且輕盈的腳步，也還對憤怒之下故意踩斷尚未腐爛的樹枝充滿歉意……重複走在古道上，雙腳踩出情緒的足印，以至於當我低頭，山徑倒映出過往青澀的自己。

三十九．七公里，從山風登山口開始，古道在拉庫拉庫溪南岸起起伏伏，繞過一道又一道山稜，途經一個又一個充滿日本風情的地名，佳心、黃麻、瓦拉米、綠、山陰、十里、抱崖、多美麗……最後進入大分。隨著步道里程牌上的數字越來越多，文明的光線終於被層層群山擋住。

帶著回家的心情行走時，也並非全然孤寂。多年來我結識了當地許多布農族朋友，入山前總習慣先在部落友人家住一晚。

隔天一早，友人開著發財車，從中正部落帶我下到玉里鎮採買。玉里鎮從日治時期就是縱谷上南來北往重要的集散地。從老照片得知鎮上過去立有「八通關越橫道路起點」之碑，一旁還另設有「新高登山東口」。

橫斷道路起點紀念碑如今已不復存在，昔日地標橋頭圳溝也早就被水泥填滿，變成鎮上停車場。幾年下來，我們每回入山行程還是會從一清早進玉里鎮上傳統菜市場開始。

若說布農族屬於中央山脈上的民族，那麼花東縱谷就是從西部遷移而來的客家族群，另一側海岸山脈則是阿美族的傳統領域，這三種截然不同的文化撞擊出的造山運動，在玉里鎮形成獨特的傳統菜攤。

我在熱鬧的傳統市場邊緣下車，直接走向馬路邊的攤販，看見許多不存在於都市生鮮超市的野菜，龍葵、過貓、黃藤心，還有整罐販賣的 **Siraw**（阿美族醃生肉）和用米酒及少許鹽醃製的小辣椒，這些都是東部獨有的食物，而且新鮮，易於保存，更適合帶上山。

不出多久，我們已經提滿新鮮食材，回到馬路邊。上車前在雜貨店買一包檳榔、一瓶米酒，在入山祭拜時使用。確認沒有遺漏任何東西之後，將食材丟上發財車，往山區出發。

從玉里開往客城的路上，兩側盡是稻田，村莊旁土地公廟一座又一座。道路前方，山腳下即是卓樂部落。過了南安部落後，道路轉向拉庫拉庫溪的南側，沿山勢迂迴爬升到山風吊橋前乍然收住，終點有兩顆正方形大理石擋住，拉庫拉庫溪就在右下方。

入山前採買、乘著發財車欣賞稻田風光、短暫停在部落的馬路旁跟認識的大哥打聲招呼……這些再熟悉不過的動作是這十幾年不斷重複的日常生活。由於與當地人產生連結，走上山徑如同進入時光隧道一般，當我踏在百年前駐在所的地基，或路過荒廢的布農族家屋，更能感受到這片入山的空間有人的溫度。

早上八點，登山口的氣溫已經熱到不像話，汗水緩慢流下，淹沒耳朵的蟬叫聲取代流水聲，噪蟬與五色鳥展現山的熱情。盤旋在附近的大冠鷲不時發出響亮的鳴叫，此時就好羨慕猛禽能翅膀一拍，即刻飛向遠方，人類和其他哺乳動物就只能緩慢徒步走向目標。

「你有沒有注意到走路的節奏？」

朋友突如其來地發問，我一時之間不知該如何回答？

「感覺到你的步伐沉穩，如同緩板的速度，穩定且堅定地前進。」

我自己倒沒注意，但能感受到行走時確實有一種節奏。

爲了讓自己更能融入這條山徑的共鳴之中，我的身體適應了一種步行節奏。這樣的步行速度，不會因爲疲勞而令大腦過度專注在走路上，因此可以從容觀察。

不只是有意識地控制身體的節奏，同時也仔細觀察步道的地勢與環境，不過度踩踏，也讓身體採取最舒服的方式通過。久而久之，我發現這是人與環境的互相回饋，我讓自己不至於過度疲勞，也降低對環境的衝擊。

山稜與溪谷在步道上反覆出現，我隨著地形的曲折陡升調整步伐間距，有時腳尖輕踩在長滿青苔的石頭上，有時跟著山徑微微起伏逐漸放慢腳步，腳步聲與蟬鳴、溪水聲交織成快慢交替的樂曲。

起初，我悠閒地觀察森林輪廓。這是走在微微上坡的山徑時最感到自在的事情。**Adagio** 是慢板的意思，不同於行板，多了一份閒暇與自在的情緒。

坡度減緩後，大步邁開，瞬間感受到樹影從眼角向後流動。腳踩著行板節奏，約略是每分鐘七十拍上下的速度。**Andante** 在義大利文代表行走，行板可以說是從生活衍生出來的音樂速度，並非急走，而是不疾不徐的步行，如同有目的地走在街道，腳步時快時慢，宛如人類心率。

在不同地形之間，眼睛跟隨身體輕快閱讀森林組成的轉換。櫸木和楓香占據向陽面，當步道轉入潮濕的溪谷，巨大的大葉楠下有白鶴蘭，蕨類植物突然大放異彩，鑲嵌其間的駐在所則是樂章中的驚嘆號。

古道在拉庫拉庫溪上方，巧妙用山與溪谷組合成一節又一節生動豐沛的樂章。我的步行節奏或許輕快，但也會因疲勞而踏出如同驚嘆號般的強音（forte），並逐漸減弱成爲慢板。

我在古道上翻閱森林的物候轉換、地形與野生動物，也翻閱自己內心的聲音。走進大分的過程，如同在剝開意識的洋蔥。

第一天，山徑上最明顯的回饋，是直接作用在身體表面引發的五感變化。我的意識盯著身體上的任何不適，看著自己正在流汗、小腿肚的痠痛、肌肉抽筋前的緊綳。不斷在耳邊騷擾的眼蠅更讓人感到煩躁，夏季的森林，永遠會有幾隻惱人的眼蠅在耳邊徘徊。無論是蠅、虻、蚊，這類雙翅目的昆蟲都喜歡在耳邊飛行。嗡…嗡…嗡…的振翅聲，就像尖銳物刮出刺耳的噪音，令人全身神經緊綳。

我快步行走，柳杉在身旁朝後方流動，汗水滴落在眼鏡上。血藤長長的豆莢垂在空中，一旁盤據樹梢的黃藤直直朝天際衝去。我跨過潮濕的石頭，穿越布滿青苔與鳳丫蕨的溪谷，經過螃蟹谷，抵達佳心，毫不思索有時停下腳步，看看幾年前黑熊挖掘的柳杉樹洞，似乎又更加腐朽，然後加快腳步，穿越黃麻溪。

步行的過程中，我能清楚感受到自己的意識分裂成數個自我。有一個意識帶著強迫症般盯著沿途地景的改變，下意識在嘴邊細數眼前經過的動植物。

柳杉，這是造林！

山豬肝正在抽嫩芽。

三葉山香圓今年沒開花？

地上的愛玉被猴子啃了一個洞。

另一個自我朝向回憶而去，我想起年輕時立志要像鹿野忠雄一樣成爲冒險家，還有一次看見K2的山景照，夢想有朝一日可以爬上八千公尺的巨峰。

我的身體不斷向前推進，但是意識卻一邊懷念童年的妄想。還有一個顯而易見的自我，帶著一種「雀躍輕盈」的意識在前方呼喚。這種輕盈之聲，伴隨著樹梢上白耳畫眉清脆婉轉的叫聲，形成一種如歌般輕快的節奏，驅使我放任自己，大步跟上動物的足印向前行。

只是大腦並不放任身體沉浸在如此輕快的節奏中。拮抗不斷出現，身體疲勞，背負大背包導致肌肉痠痛，呼吸急促。突然又有一個意識從大腦冒出，這是不知從何而來的負面情緒，在自我意識間不斷被默許放大。

如此極端的情緒對立，一邊欣賞一邊咒罵一些枝微末節的小事，暫時轉移步行造成的疲倦。混雜的情緒不停在腦中翻攪，形成潛意識的矛盾對抗。然而更有趣的是，還有另一意識中的我，用更超然的姿態，由上而下觀察意識的對抗。

我不斷來回八通關越領道，才意識這是一條讓人進入深度思索的山徑。

＊　＊　＊

第二天離開瓦拉米之後，山路向上慢慢爬升到山陰。中午抵達，四周的森林已經迅速被霧氣包圍。濃霧塡滿山桐子樹叢的空隙，光線在霧氣之間折射。步道比早上更潮濕了一些，一旁石頭上，有隻螞蝗一動也不動地等待動物靠近，我注視著牠，卻忽略另一隻螞蝗正緩慢爬上我的雨鞋。

雲霧與陽光在山陰的上方推擠，偶爾露出一點天空，濃霧形成綠沉的自然樣貌。我從低海拔的炎熱之中解放。自登山口步行二十公里來到山陰，一層層走進更深的意識之中，此時我已不再注視著皮膚的感官，流汗已經不再是我在意的重點，抽絲剝繭專注於平時未能注意的細節。

鬼櫟的出現，代表進入櫟林帶上層。森林用物種的出現與消失，默默的在推移轉變。我觀察森林，一部分的我開始不斷逆向的回憶從前，反省曾經說出傷人的話、犯下的錯，還有一些瑣碎往事。

走了二十四公里，來到十里駐在所。

從山陰到十里，這段路上上下下，如果不沉浸在回憶中，這段路走起來，感覺總會特別累。十里，自玉里至此地恰好十日里，相當於三十九公里多。

看到駐在所前的解說牌上提到「玉里」我稍稍被拉回現實之中。眼前鬼櫟的大樹上留有去年的果實。

黑熊會來吃嗎？

好希望看見黑熊在樹上。

內心自問自答著。

每一次即將抵達十里前，我都會刻意放慢腳步，期待看見黑熊爬在鬼櫟樹上，但是這樣懷抱希望的幻想，總是在我轉過彎道之後落空。

隨著步行距離逐漸拉長，我的雙眼凝視著前方的步道，大腦期待徒步的魔力逐漸發酵。感官回應更深層的思想，一步又一步緩慢地走進內心創造的世界。

脫韁的自我意識悠遊在真實的森林環境與內心的世界之間。我俯瞰著自己向前的步伐，每踩一步，地景就緩慢倒退一步，人體的律動節奏與自然產生微妙的共鳴，如同大腦中兩人的喁喁細語。

我在這條路上思考物理因素對於環境造成的改變，也同樣思考自己成長的經歷。回憶曾經在一場大雨中狼狽的抵達十里，放下背包，在雨中快速打開背包頂袋，掏出餅乾塞進嘴裡，一邊彈去黏附在身上的螞蝗。

一次又一次的路過相同的景色，每一次都融入過去的經驗中。

我在這棵大樹底下，曾經看見一條百步蛇。

我在這邊轉彎處，遇過一頭黑熊。

這段山路，有一陣子被野豬挖得亂七八糟，如今已經復原……

回憶如同湧泉般冒出。

步行是身體機械性的重複動作，卻可以在大腦裡產生豐富的創造力。往深山走去時，我也不停的挖掘自己平時不曾注意的深層意識。步行帶來快樂，也帶領我審視內心，因此每一回下山，總會獲得重生。

我開始無法明確知道，自己走進山裡眞正的目的爲何？我期待在行走中取得新的身分認同，但又對於未知的自然環境感到不安。

世界上有無數人在徒步。我認識一位退休多年的大哥，有次他笑著對我說：「我住在台北，退休沒事就四處走路。一個月會出門走路好幾次，有的時候只走一天，我就搭車回家。但是有的時候，我會一連走上好幾天才甘願回家。」

我猜想他可能不自覺的追求步行帶來純粹專注的世界，以至於無法自拔地迷戀徒步。亨利．梭羅或約翰．繆爾也有相似經驗，他們都從步行感受到自然無償提供獨一無二的靈感。越純粹簡單的步行，越能感受到自然運作法則在身體作用，這種強烈的心靈感受，是許多現代人踏入荒野得到的相同衝擊。

步行是接觸深層自我意識最簡單的管道。《心向群山》的作者羅伯特．麥克法倫在書中提到「我的腳跟到腳趾的量測空間是二十九．七公分或十一．七英寸，這是行進的單位，也是思想的單位」。把步行當作思考的單位，比喻精采絕倫，又不流於矯情。他進一步引用盧梭「唯有步行時我方能沉思。一旦停止，思考也停止」，直白的文字說明步行對於思考的重要性。

第三天從抱崖要往大分。

清晨山谷內的陽光來得曲折且緩慢，總是先照射到對面新康山的山壁。空氣冰冷如同眞空，彷彿伸手即可摸到藍天。今天距離山下有兩天的路程，告示牌更精確的標示距離登山口二十八．九公里。

二十八．九公里，離文明夠遠嗎？

當背起行囊徒步山林，身體產生的自然共鳴會無比巨大。山無所不在地展現和諧的美。我的意識脫離社會結構賦予的角色，也不再是他者，彷彿加入亙古不變的自然流動。

我想著自己與山的關係，很快就從抱崖走到石洞吊橋。台灣杉在高處的稜線上，我踏上吊橋，就像走進美景之中。

突然有一個意識從大腦冒出：

融入自然的步行節奏到底是怎樣？

我在這條步道觀察，學習部落大哥們走路的節奏。走在古道上不同於一般百岳健行，抓住身體的運動感，以利自己在行走與休息之間，取得最妥善的效率。

往返這條古道上的布農族人，早就有固定的步行節奏，一站又一站的休息點，從山風入山開始經過螃蟹谷、佳心、大白鯊與愛玉亭……

古道上有幾處必經的休息點，石頭成爲熟悉的座椅。放下背包，一屁股坐下，這彷彿成爲每次儀式性的動作。經年累月產生的情感，如同台灣蘋果樹幹上布滿的爪印，這是台灣黑熊年復一年在冬季尋覓滿樹芬香的果實記憶。

若不熟悉部落大哥走路的節奏，會納悶爲何才剛背上大背包，怎麼又停下腳步休息呢？這種獨屬於八通關古道的步調，是配合著坡度變化與地形樣貌，也配合口中檳榔的咀嚼、溪水取得和身體喘息所塑造出來的節拍。

我們在多美麗駐在所開始，慢慢踏步在高繞的山坡上，步道從巨大筆直的黃杉之間穿過。按照慣例，我停在一棵森氏櫟下休息，迎接前方的陡下。

森氏櫟被周遭的黃杉巨木環繞，略顯嬌小。然而不遠處，一棵台灣杉拔地而起，又比巨大的黃杉高出數公尺。森林展現出不可思議的多樣性面貌。眼前地上一叢台灣瘤足蕨也才僅僅五十公分高，然而一旁卻有高度超過五十公尺的台灣杉，黃杉勉強與之比肩，而狹葉櫟、森氏櫟和台灣蘋果鑲嵌在巨樹之中，大樹枝條上方纏繞著石葦、豆蘭和兔腳蕨。

從多美麗稜線到大分的這段路，必須陡下海拔八百公尺的高度落差，才能抵達位於闊闊斯溪床的大分山屋。徒步已經超過三十五公里。此時此刻，我全心全意地渴望抵達大分。

登山指的是走向山頂這件事情，有一目標在前方，登山過程就是不停朝目標前進。攀登容易讓人聯想到人生必須逐步往上的過程，登上山頂之前，始終帶著仰望頂點的情緒。

或許如此，登山帶給人最直接的情緒是仰之彌高的崇敬，累積朝拜的心情，在登上山頂獲得解放的暢快感。相較於登山明確的目標，此時此刻，陡降過程帶有即將回到家的雀躍。

我的雙腳順應山徑迂迴急轉，毫不遲疑，做出下意識的即時反應。我已經走過數十遍，每一回都固定踩在同一顆石頭上。陡降讓我暫時無法分神，全心全意的專注在眼前的路況之上。從海拔二千二百公尺一路下降，當我逐漸脫離霧林帶之後，氣溫開始升高。

突然之間，在一個之字型的轉折處。

森林露出了空隙，我看見遠方山谷下方的白色大理石河床，太陽光照射到河階上，金黃色的赤楊樹隨風搖曳。大分山屋就在河谷的上方處，紅色的鐵皮山屋，在森林之中特別顯眼。

山屋後方的河階台地，一層，再一層的向上堆疊。

在最上方是一片無法被忽略的大平台，部落大哥們戲稱是三十六甲地。大平台的右下方，有一個 **qaqatu**（布農語：凹谷）。再往右側的深谷則是大分瀑布的上游。大平台的後方是大分山，更遠在雲霧之中，就是中央山脈的主稜。

我對著遠方山脈，發自內心的大聲喊叫。

幾秒鐘之後，微弱的回音傳回來。

遠方紅色鐵皮的大分山屋，輪廓越來越清晰。

終於到大分了。

每座山都會有條溪流陪伴，溪水蜿蜒於山谷之間，而在溪谷之間的秘密森林，我緊跟著台灣黑熊的腳步，踏入 **asang**（布農族：老家）。

第三章　青剛櫟林的動物樂園

我坐在一棵青剛櫟下，森林圍繞在四周，一度悄然無聲，突然樹梢一陣鳥鳴流動。冠羽畫眉、青背山雀與繡眼畫眉在樹與樹之間竄跳。隨著鳥群逐漸遠離，風再次洗過樹梢，森林又一次悄然無聲。

一個瞬間，我清楚聽見輕輕的腳步聲。

牠小心翼翼地踏著每一步，踩在落葉的腳步聲如水滴般的微弱，但耳朵聽的十分清楚。我聽出腳步聲帶著遲疑，也許牠沒有發現我正坐在樹後方，但是某些感官察覺到附近有人類？只是，牠並未馬上逃離。

會是什麼動物？水鹿，野豬，還是黑熊嗎？

我無法肯定。

牠隱藏在森林之中。

爲了打破僵局，我慢慢起身，試著壓低重心，朝著聲音的方向，一步一步靠近。當我開始移動，牠的步伐聲音變急促，似乎是爲了跟我保持一段距離。一來一往，我沒有看見動物，注意力突然被眼前一片由石塊堆砌的人造牆所吸引。

大小不一的石塊，相互交疊成爲一面長約四公尺、高約兩公尺的石牆。石塊全布滿厚厚的青苔，散落的松針葉點綴在石縫間。圍牆之內還能依稀看出家屋的地板，上面覆蓋厚厚的二葉松針，縫隙長出幾株瓦氏鳳尾蕨，除此之外，已經沒有其他痕跡了。

這些石板屋是布農族的家屋。

從十七世紀開始，中央山脈西側的布農族人分群東移越過中央山脈。巒社先來到拉庫拉庫溪流域建立家屋，郡社群隨後也遷至莫庫拉番（**Mongzavan**）。莫庫拉番是肥沃的大型河階台地，也是拉庫拉庫溪少數的開闊之地。溪畔有溫泉露頭從岩壁滲出，冒出白霧，於是稱爲**Dadahun**（塔達芬，布農語指水蒸氣）。鋌而走險進來貿易的漢人跟著布農族人一起說，只是發音變成「打訓」，久而久之轉變爲現今稱呼的「大分」（**Dahun**）。

如今河階地上的老部落已經在日治時期集團移住到山腳下。但大分還留有許多石頭堆疊的古牆，屹立在森林之中，讓人緬懷曾經有過的榮景。人的離開，意謂自然重新建立。河谷朝東，不同於周邊地區終年潮濕多霧，環境略顯乾燥，河階地是由青剛櫟樹組成的年輕森林。

「早期，熊都不會來大分。熊都在托馬斯那邊。」

「托馬斯，就是**Tumaz**，布農族『很多熊』的意思。」

夜晚，我們坐在大分山屋前面的廣場上。剛吃飽飯，林大哥很自然跟我們口述大分的故事，話題從地名與黑熊開始，突然轉向大分事件的始末：

以前有二十三個族人，被日本人用陰謀殺了，日本人請族人喝酒，喝醉了，就把人推下懸崖……

我在這邊有到處去找，希望能找到骨頭，但是都還沒找到。

山裡的談話常會隨意變換。雖然我對布農族版本的大分事件也很感興趣，但是對於剛剛講到一半的地名還有許多困惑，趕緊趁大哥聊得太深之前，把話題拉回「黑熊」上。

「大哥，那……爲什麼大分有這麼多野生動物？」

我趕緊拋出心中最大的疑問。

「因爲以前的部落都遷到山下去，沒有人住了。這邊 **qauataz**（布農語：青剛櫟）很多。這種櫟子每年都會結果，吸引動物，熊就會來吃這個果子，所以大分才這麼多熊。」

我們現在會到大分進行台灣黑熊研究，正是當年苦尋研究樣區的美秀老師意外聽到林淵源大哥說：「要找黑熊，就要去大分，那邊黑熊很多。」沒想到，這一句話，讓大分就此成爲台灣黑熊重要的研究樣區，而我也成爲研究生，跟著老師的腳步，頻繁出入這片森林。

爲什麼大分會有如此高密度的青剛櫟森林呢？

包含我在內，許多初次來到大分的人都有這個疑惑。有無數人問過林淵源大哥和部落的長輩，我也從中得到各種版本的解釋。部落的長輩認爲過去舊部落會刻意栽種青剛櫟，是爲了吸引附近的動物，方便狩獵。也有人從民族學角度解釋，認爲布農族採取燒墾方式開拓耕地，久而久之，耐燒的青剛櫟、二葉松就存活下來形成純林。還有人說這片森林其實是戰後林務局造林的成果。

我想，無論原因爲何，當時的人都無法想像，如今大分會成爲中央山脈最深處的動物樂園。

其實青剛櫟是很常見的殼斗科植物，適應力強，分布廣泛，從平地、丘陵至海拔兩千公尺的山區都有其蹤跡。要說最大特色，在於每年都會有一次開花結果的週期。青剛櫟的結果期在秋冬季。十一月來到大分，步道旁的青剛櫟樹梢會掛滿金黃飽滿的果實，稱爲櫟實。成熟青剛櫟的櫟實約兩公分左右，比森林其他果實都要來得大顆許多！

櫟實的子葉含有豐富的脂肪，對於野生動物而言，是高代謝率的食物資源，如同開心果一般。此外，青剛櫟每年準時產出果實，讓大分成爲附近野生動物衆所周知的冬季樂園。

大分周遭的動物期待冬季到來。遠方的鳥群，像是松鴉和綠鳩，從高空認出莫庫拉番的河谷地形狀，成群聒噪飛來，靜謐的森林逐漸有了河水以外的聲音。

不會飛的哺乳動物都清楚記得前往大分的方向，年復一年從四面八方走著相同的獸路，來到這片青剛櫟林短暫度冬。在青剛櫟的結果期，櫟實不僅提供冬季的食物來源，滿足營養需求，也節省動物尋找食物花費的時間，提升覓食效率。所以，動物總是待到最後一顆櫟實被吞進肚中，才會甘願離開。

但是櫟樹並非年年都結出豐盛的果實，每隔幾年就會出現歉年。森林有明顯的豐歉週期，如果產生大量的櫟實，就稱作大發生（masting）。植物結果的產量波動，遂影響到野生動物的生存和行爲。

在高緯度地區，早就有許多野生動物的研究顯示，到了櫟樹結果季，動物的活動時間和活動範圍會受到櫟實產量的影響。像是美洲黑熊與白尾鹿，都會移動到櫟實豐富的森林覓食。不只如此，在櫟實豐年期間，動物會縮小活動範圍，集中在櫟實密度高的區域覓食。美洲黑熊還會增加覓食時間，以便儲備脂肪。

其實，不等果實成熟，早在母樹發育之初，許多無脊椎動物，像是螞蟻、象鼻蟲等各種昆蟲就已經開始食用、產卵寄生。樹梢櫟子甫成熟，還未掉落樹下，台灣獼猴、松鼠等樹棲型的哺乳動物以及鳥類也會毫不留情吃下櫟子，此時期的掠食者稱爲前期掠食者（pre-seed dispersal predation）。

隆冬的季風一吹入大分河床，熟透的櫟實掉落地面之後，掠食者種類變得更多元，從昆蟲到大大小小的哺乳動物與鳥類，都是櫟實的愛好者。

黑熊會仔細嗅聞，再用掌翻出落葉中的櫟實。野豬豪邁地用鼻子拱出落葉叢的櫟實來。刺鼠跟森鼠在大樹之間迂迴，勤快地把沒吃完的櫟實藏在石頭縫中。這個階段的掠食者又稱爲後期掠食者（post-seed dispersal predation）。

研究植物更新的學門，針對種子在不同階段的掠食者做出這樣的區隔。一顆種子的命運（seed fate），必須經歷無數的生存挑戰，若幸運逃過掠食者、度過各種嚴苛的自然環境才能長成一棵大樹。

雜食性的黑熊同樣受到櫟實吸引來到大分，因此每年冬季就給研究人員一個短暫的研究機會。

黑熊什麼時候來大分？

有多少黑熊會來大分？牠們每年都來嗎？

黑熊會停留在大分多久？何時離開？……

公熊會排擠母熊嗎？

熊來了，其他動物敢靠近嗎？

熊怎麼知道櫟實的產量？

林林總總各式各樣的疑問，成爲研究生觀察之後天馬行空的研究目標。其實，野生動物的行爲、活動都和自然環境的變化息息相關。動物一生都爲了尋找食物與繁殖後代而努力。

森林的季節性食物變化會影響動物遷移，而調查食物的豐富度、可得性就是掌握野生動物活動的第一步，我們因而必須持續徒步三天到大分，調查青剛櫟的產量變化。

這明明就是森林系在做的事情！

當時，自己對著森林無聲吶喊。如今，我清楚知道原因了。我們一邊架著種子網，一邊抬頭觀察青剛櫟樹梢青澀果實的發育狀況，試著推敲今年野生動物什麼時候會靠近大分。

我一邊收集種子，一邊在森林裡玩耍。有時停在大樹旁，觀察樹皮上黑熊摳出的一道道鮮紅色抓痕，推想著黑熊爬樹的方式。有時遁著水鹿奔跑的方向走去，小心翼翼不要踩到一粒又一粒形狀如巧克力乖乖的水鹿排遺。有時從落葉堆翻出刺鼠埋藏的果實，或朝野豬窩大力一踢，期待會有野豬竄出。

走在森林之中，四處都有新鮮的痕跡，隨時都有一種能夠看見野生動物的感覺。然而，雖說冬季的大分是野生動物的樂園，真要目擊動物也並非這麼容易。

看見動物的心情會是如何？

就像是兩隻野生動物在森林相遇吧！

我的內心如此希望。

我嚮往野生動物研究者的調查故事。孤身一人，居住在荒野，觀察動物的行爲，生活充滿自然的挑戰，受到未知的神秘感驅使，然後，被研究的動物接納，像珍古德記錄黑猩猩家族，看著猩猩吃了些什麼食物、怎麼互動與生活作息……

但是理性上，我清楚知道現代人必須有充分的理由，才能正當靠近野生動物。不過當我在野地遇到動物的時刻，內心有一種投入自然懷抱的情感湧出，我從動物身上感受到人類脫離自然所遺失的野性。

還記得大學二年級，想像自己找到了冒險、生態與野生動物的交集，選擇到深山做動物調查志工。其實那時對於科學研究根本是一知半解，不過內心卻澎湃激昂，大腦充滿走進野生動物世界的愉快感。

我帶著參加調查工作就能如願看見野生動物的心情，背著登山背包搭上火車來到屏東，轉車抵達屏科大，興奮地走上二樓，敲了敲研究室的大門。

開門的人是負責招募志工的研究所學長 Abu，也是這趟調查的領隊。從見面那刻，我就知道跟他一起爬山有聊不完的話題與故事。幾年後，我們都公認 Abu 是少數具有黑熊緣的人。

「我上研究所，十月來到大分收資料就看到黑熊，還兩次！」

不等我反應，又接著說：

第一次是在T4那條樣線附近。我看到熊之前，被虎頭蜂叮到頭，蜂螫的地方超痛，可是之後就立刻看到黑熊，當下就忘記痛了。

第二次就是回程，在多美麗的稜線上。我跟強哥一前一後，正要爬上好漢坡，回去抱崖，突然一隻黑熊朝我衝了過來。太臨時了，我整個人嚇傻坐在地上，幸好熊跑到距離我兩公尺，突然停下來轉頭離開。

還有一次，母熊在等小熊下樹。我們離得很遠看，母熊就在呼喚小熊，不過小熊就是不下來，所以母熊就在樹旁徘徊走動。

有一次林大哥帶我從稜線走下小溫泉，我們才剛下溪，就看見母熊帶小熊正要過溪，母熊沒有發現我們，於是我就躲在石頭後面偷拍。

Abu與熊相遇的故事太特別，每次都聽得心跳加速。他也是在大分地區作碩士論文研究的研究生，利用自動相機監測大分每月野生動物的族群變化，必須每個月都前往大分一次，更換自動相機的底片和電池。

只要他一回到研究室，很快就會開始分享入山與動物相遇的故事。此時我已經大學畢業，進入研究所，這才發現研究生並非像志工一般無憂無慮。我整天坐在實驗室，投以羨慕的眼光，聽著Abu的分享。

看見我盼望的眼神，Abu總會搖搖頭說：「要看怎樣的情況遇到啦，上次工作到天黑前一刻，我們才走回步道上，點亮頭燈都看不太清楚遠方，聽到附近有動物奔跑的腳步聲，眞的很可怕。」

研究室的學長姐都有明確的主題正在進行，還有與黑熊相遇的各種經驗，而我卻被嚴謹的研究設計絆住，呆坐於書桌前鬱悶不已。

之後幾次協助Abu調查的經驗，成爲我碩士論文的靈感來源。我擷取了片段線索，在與指導教授一來一往的答辯與梳理文獻之後，決定了碩士論文的研究方向：用每種野生動物所消耗的青剛櫟櫟實量，來推敲森林與野生動物的交互關係。

簡單來說，就是調查「是誰吃了青剛櫟」與「吃了多少」。

爲了順利完成畢業，我就像設置美食陷阱一般，在挑中的獸徑擺上一堆成熟的青剛櫟，然後用自動相機偷拍。每天最主要的工作，就是查看被吃掉的數量，然後記錄拍到哪些野生動物吃了青剛櫟，再把青剛櫟補回原來的數量。

也就是說，一旦設定好調查方法，研究要做的就是些一成不變的事情。

每天我都在固定的樣線上，檢查、記錄、補滿櫟實，期待野生動物們快來吧，趕快發現擺設在獸徑上的櫟實，那心情就像布農族吟唱祭槍歌，期待動物快快走到槍前，只是我的版本變成了自動相機前。

全部的水鹿，全部的水鹿。
都快來享用青剛櫟吧~都快來吧！
全部的山豬，全部的山豬。

都快來享用青剛櫟吧～都快來吧！
全部的黑熊，全部的黑熊。
都快來享用青剛櫟吧～都快來吧！
全部的山羊，全部的山羊。
都快來享用青剛櫟吧～都快來吧！
全部的山羌，全部的山羌
都快來享用青剛櫟吧～都快來吧！
全部的野生動物們，全部的野生動物們。
都快來到自動相機前面享用青剛櫟吧!!

研究進行的期間，我偶爾會偷偷獨自入山，爲整座山僅有我一人感到無比興奮。我朝溪谷下游大叫幾聲，仔細聽著餘音隨風迴盪於山谷之後消失無蹤，內心更加雀躍此時此刻就只有我一人。

長時間一個人待在山上，只有行走才能感覺到時間的流動。其餘休息、等待的時候，時間異常緩慢。當獨自一人的興奮感退去，坐在山屋前，有時候我會被自我懷疑糾纏，在山屋無目的地裡裡外外，走來走去。有時放著手機僅存的幾首流行音樂，想著此時此刻山下的人都在幹嘛？或我如果現在待在山下，又在幹嘛？

我重複自問自答類似的問題，或是放空數著多美麗稜線上突起的黃杉大樹，試圖分辨黃杉與台灣杉的差異。多數時間，我就坐在山屋前面寫筆記，等待天黑。

如果是晴天，雲朵會用差不多的節奏，從下游溪谷爬上大分。約莫在中午，朵朵雲氣從山稜後方冒出，隨後如同水簾一般，慢慢停在眼前的稜線上。

在下午三點之後，太陽完全越過中央山脈，落在西側，光線變得溫柔，山谷開始出現溫差，風從森林裡吹出，稜線上的雲霧默默降落到山腰，緩緩停在海拔一千六百公尺左右處，形成一層厚重的雲霧帶。有時雲霧下得早，陽光無法穿透，形成強烈的光影反差。

我在山屋廣場前，盯著雲層下緣，清楚看見雲霧隨谷風吹動，在山腰赤楊樹之間翻攪流動。當太陽完全被後方中央山脈主稜遮擋，有幾分鐘餘光四射，雲霧表面鍍上金黃色的輪廓，隨後立刻暗淡。

我一邊看著雲彩變化，一邊不停低頭看手錶上的時間，內心想著何時開始煮晚餐？直到夜幕低垂，森林彷彿陷入更深的沉寂之中，領角鴞發出呼⋯嗚⋯短促鳴聲在森林之中來回擺盪。

十一月的夜晚，身體已經可以感受到寒冷。我穿起外套，站立在山屋門口，隱約的月光下，對面雲層靜靜融入黑暗之中。夜更深，高空上，月光循著太陽的爬升路線翻過山脈。我突然看見北極星在閃爍，就在剛剛，雲層散開了。大熊座緩緩升到上空，溪谷裡的一切，配合黑夜而寂靜沉默。

隔天清晨，我被鳥聲喚醒，爬出溫暖的睡袋，推開山屋的大門。高空清澈透亮，呈現冷色的藍光。陽光尚未射到山谷，不過一群山雀已經按捺不住，從山屋下方的森林飛上化香樹，又飛行一段越過山屋廣場，降落到另一側的青剛櫟樹上。

吵嘈的鳥叫聲，預告今天會是好天氣。早上八點，陽光終於照進谷中，河灘上的露珠開始蒸發，輕煙不停從下方的河床湧上，快速旋轉，瀰漫山屋前方，卻又在幾秒鐘後被風吹進松樹林，消失得無影無蹤。

我按照自己的習慣，喝完黑咖啡才出門。順著行走多年的獸徑，配合呼吸一步步緩緩爬上山屋後方的台階。正當身體感覺到要開始流汗之際，聽到天空上盤旋的熊鷹發出短促的叫聲。

憑藉長期居住在大分的經驗，我熟悉這片山谷自然的節氣。十一月的陽光需要一段時間才能完全照射到河階兩岸，不需低頭看手錶，只要注意陽光的範圍，就可以知道目前時間大約是早上九點左右。

大分的熊鷹似乎習慣等待太陽照遍大地，才會飛出盤旋在森林之上。從熊鷹的叫聲，我推測陽光已經徹底籠罩溪谷，此時森林的色溫逐漸變成溫暖的金黃色，只是二葉松還把陽光擋在樹冠層上方。

我隨地坐下，脫掉身上的保暖層，喘口氣，喝口保溫瓶內的咖啡，等待太陽稍稍移動，光線穿過樹梢照射到松針地上，吃點行動糧，看著眼前森林逐漸醒來。

大部分的日子，我都習慣爬到大分山屋後方的 qaqatu，以此展開一天的工作。大分是動物樂園，但是白天的森林悄然無聲。不過，還是有跡可循，森林到處都可以看見新鮮的動物足印。松針地上有水鹿剛跑過去踢起數根松針，山豬拱開泥土尋找掉落地面的果實……我一腳跨過散落的青剛櫟樹枝，抬頭突然看到青剛櫟的樹冠破了一個大洞，這是昨夜黑熊覓食之後留下的杯盤狼藉。

黑熊嗅覺靈敏，尋著櫟實的香氣而來，爬樹的動作時而輕巧時而粗獷。眼前這棵青剛櫟不大，黑熊用前掌環抱樹幹，後腳朝下踩，尖銳的爪子無需用力就摳入樹皮之中。牠不依靠任何技巧，輕鬆地前掌抓，後腳推，重複抓、推……不出幾秒，就爬上青剛櫟的高處。

我看著樹幹分叉，想像牠坐在高處上，屁股的肥肉被樹枝擠出，但牠不以爲意，直接伸出熊掌，抓住前方結實纍纍的細枝，直接用力折斷，就像吃棒棒糖一般抓著枝條大口咬下櫟實。

黑熊恣意在樹梢轉身，再次伸手，抓住另一側的枝條，再一次用力折斷。青剛櫟樹默默承受黑熊的重量，樹枝劇烈搖晃，許多櫟實禁不起晃動，紛紛掉落，有些滾到石縫裡，有些卡在落葉堆中。一頭公水鹿靜靜在遠方草叢窩著，嗅聞空氣中黑熊的氣味，等樹梢上的黑熊吃飽離開，再多等幾分鐘，森林悄然無聲，才緩緩起身，小心翼翼來到樹下。

牠用嘴唇挑起一粒又一粒的櫟實。另一邊，刺鼠趁水鹿不注意，鎖定目標，快速從一旁草叢飛奔而出，巧妙閃開障礙物，伸出小手抱住櫟實，放入口中含著，再以閃電的速度離開。

現場除了有被折斷的樹枝、抓痕、腳印與吃剩櫟實碎片之外，這樣的經過，也全都被一旁的自動相機默默拍下。自動相機透過紅外線偵測，動物一經過，熱源變化就會啓動拍攝快門。

看著自動相機的拍攝畫面，像是進入魔幻的自然世界。空蕩蕩的獸徑上，突然之間，動物全都出現了。清晨、白天、傍晚、夜晚，有各種野生動物走在這條路徑上。

自動相機除了拍到動物，也記錄到有趣且不易觀察的動物行爲。某次相機拍到一頭黑熊蹲坐在前面，畫面突然定格不動。難道自動相機壞了？沒想到三十秒之後，黑熊突然擺動身體——牠剛剛是一動也不動坐著發呆。

有時台灣獼猴在相機前面好奇地探頭探腦，時而驚恐，時而勇敢上前嗅聞。很多時候，動物會忽視相機的存在，水鹿、山羌、山羊……悠哉地在相機前面來回行走。

我從山屋走進森林，雖然看見很多蹤跡，一路上卻沒有看見任何動物。不過，從自動相機得知昨天下午兩點半有水鹿在相機前遊蕩，兩隻年輕的公水鹿，頭上長著尚未分叉的鹿角，還有兩隻母鹿牠們偶爾搖動尾巴，在青剛櫟樹下專心低頭尋找剛落下的果實。

我快速檢視昨天拍攝的影片。鹿群離開之後，天黑前有隻山豬快步往遠方走去。又過沒幾分鐘，一隻黃喉貂輕快地跳過。入夜後，刺鼠不停在一根樹根上來來回回……

只是，眼睛一離開相機的畫面，前方又是空蕩蕩的獸徑。

可惡，牠們白天都到哪去了？爲什麼明明動物這麼多！我卻沒有遇到呢？

太陽越過東方的山稜，來到正上空，和煦的光線直直鑽過樹縫，風吹過大樹，搖晃的樹枝像是伸懶腰。鳥群變得愜意，在不遠的二葉松樹上，綠鳩朝山谷溫柔吶喊，羽色如寶石綠混著灰色與黃色，帶著天生的優雅氣質，喜歡拍動翅膀，在樹梢的邊緣滑翔。

我喜歡用鳥鳴掩蓋我的足音，在森林散步，逐一檢查每一個樣點。當我走向第三個樣點，只見散落滿地的殼斗碎片，擺在地上的櫟實已經消失。內心振奮，準備拿出紙筆記錄，突然眼角出現一個移動的棕色輪廓。轉頭仔細一看，在半傾倒的圍牆旁，一頭大公鹿窩在櫻花樹下看著我。當我們四目相交時，牠緩慢起身，用疑惑的眼神打量著我。

太過於突然，我一動也不動，維持半蹲姿勢盯著牠。牠並未立刻跑開，而是豎起掃把狀的黑色尾巴警戒。我看見牠的鼻子微微抽動，似乎在嗅聞眼前陌生生物的氣味。在氣氛凝結之際，牠打破僵局，抬起右前腳，重重的踏在地上，然後，又抬起左前腳，再一次重重踏在地上。

哇，這隻公鹿竟然沒有立刻掉頭跑掉？

跺腳是在說牠不怕我嗎？

應該是你把青剛櫟都吃光的吧？

我半蹲欣賞，一邊自言自語。正當我全神貫注在這頭雄鹿身上時，另一側傳來急促的叫聲。

Bi！

突如其來的一聲。原本正在展示自身強壯肌肉的公鹿突然緊張地跟我一同轉頭看去。

一隻山羊不知何時出現了，在半傾倒的家屋後方不遠的草叢中，大概被我和公鹿的對峙給嚇到，正歪著頭，一臉狐疑地看著我們。

你不是前幾分鐘才在抱怨動物跑哪去？

沒想到此時此刻，身旁左右都有動物。

我內心激動地大喊著，爲了避免嚇跑牠們，身體盡可能維持不動。只是沒多久，發麻的肌肉難以維持半蹲的姿勢，只能打直小腿，一屁股坐在地上。

牠們似乎沒有要離開的意思？

我想起北美原住民的追蹤師故事：獵人可以潛藏氣息，並且觸摸動物，不被發現。不過，眼前這隻水鹿已經發現我。但我還是大膽起身，異想天開朝向水鹿慢慢靠近。我想知道，能多靠近這隻公鹿

牠會跑開嗎？還是默默的接受我靠近？

牠會生氣？會緊張？

牠應該不會攻擊我吧？

我專注在當下，一次只讓身體移動半步，以微不可察的動作，慢慢朝公鹿靠去。我屏氣凝神看著牠的表情，確定自己並未過於急躁。

如果牠感到威脅，應該會直接掉頭跑開。

意外地，大公鹿並沒有立刻跑開，而是直挺挺站立在圍牆旁，只是停下跺腳的動作，露出更狐疑的表情打量著我，有時突然轉頭，像是在查看森林其他動靜，只是立刻就會回頭看著我。

我配合呼吸，試著多往前移動半步，又比剛剛更靠近牠，清楚看見眼睛下方的眶下腺隨著呼吸張大縮小，尾巴雖然並未翹高警戒，不過我知道公鹿仍然很緊張。

說也奇怪，牠似乎沒有要離開的意思。

我慢慢舉起相機，靠在臉前，透過觀景窗看見公鹿的毛呈現棕黑色，微微反射亮麗的光澤，四肢的肌肉強壯，頭上有一對漂亮且勻稱的鹿角，臉到鼻梁處有像蒙面俠蘇洛的黑色紋路。

我不小心出了神，忘記按下快門。突然之間，公鹿一百八十度轉身，又開始跺腳，在地上發出沉悶的聲音，力量之大，彷彿一旁的圍牆都開始微微振動。

牠似乎不全然信任我，一邊踏步，一邊離開，但是沒走幾步，就立刻停下動作，回頭再次盯著我看。然後，重複剛剛的跺腳，直到身影慢慢在前方的森林之中淡去，才結束這場奇幻的相遇。

沒想到隔天，我們又在同一地點，再一次相遇。這回依然是公鹿先發現我——我看到草叢的晃動，轉頭發現牠正盯著我。

我們又開始重複昨天相遇的過程。只是這次，我沒有靠近牠，而是打破沉默朝牠開口說話。

「你的臉上有黑色的紋面，我就叫你黑面老兄吧！」

「你從那邊過來？」

「你在這邊待多久了？」

從抵達大分之後，這是我碰到的第一隻水鹿。我不確定牠是獨居，還是有其他同伴？不過，這頭公鹿總是在前往 **qaqatu** 路上，一處家屋圍牆旁休息。

而後幾天，我按著習慣，天亮起床，在陽光灑入前往 **qaqatu** 走去。然後，開始期待遇到黑面老兄。獨自一人住在山上，突然有隻動物日復一日不斷出現，彷彿也建立一種特殊的夥伴關係。

我總是期盼能先跟黑面老兄見面，再回到自動相機前檢查研究資料，數完相機前面被吃掉的櫟實，然後看看黑面老兄才離開。

有的時候，牠會從草叢中站起身，看著我從遠方走來。

有的時候，牠就只是窩在草叢中，靜靜看著我。
有的時候，牠朝我發出一聲鳴叫。
有的時候，我必須先尋找牠的下落，才發現黑面老兄站在土坡上看著我。
我開始對黑面老兄自問自答。
「青剛櫟好吃嗎？」
「你會在這邊待多久？接下來要去哪？」「怎麼沒有看見其他的鹿？」
「你有遇到熊嗎？」
約莫幾天之後，就在我即將完成十一月調查工作的前一天早上，我再次氣喘吁吁爬上山坡，只是這次森林靜悄悄，我轉頭看了一圈，竟然沒看見黑面老兄。
我再一次繞著森林，仔細找了又找。
嗯……離開了。
突然想到前幾天附近的自動相機拍到了兩隻漂亮的母水鹿。
也許黑面老兄跑去追女朋友了？還是逍遙自在走往另一處森林？
而我不時還是很懷念，有牠陪伴的那段山居生活。

第四章　Kaviaz 與牠的好朋友們

我因爲研究工作的機緣，在玉山國家公園的瓦拉米山區度過一陣漫長的山野調查生活。那時是四月，雖然尚未進入梅雨季，海拔又超過一千一百公尺，但白天已經非常有夏天的濕悶感。平日的瓦拉米山屋幾乎不會有遊客，大部分日子就只有我跟同事兩人。

山屋附近非常潮濕，從早到晚躲在山屋旁落葉堆裡的莫氏樹雄蛙不斷賣力發出咯⋯咯⋯咯⋯的求偶叫聲。幾次我想一窺究竟，但是即便已經非常靠近聲音來源，任憑我怎樣努力，還是找不到樹蛙的蹤影。棲息於附近森林樹幹洞內的碧眼樹蛙（原稱：艾氏樹蛙），悄悄在入夜之後加入鳴唱的行列。

螢火蟲在山坡旁的草叢之中載浮載沉，當然偶爾也會有驚鴻一瞥的森鼠。山居生活非常簡單，日出時被清脆鳥鳴喚醒，白晝外出，各自查巡繫放陷阱是否成功捕捉到黑熊，日落而息。

早晨剛踏出山屋的心情總是充滿希望，但又帶著幾分不確定感。放輕腳步，帶著忐忑心情繫窺看陷阱，若毫無動靜，則簡單調整陷阱，而後快速離開現場。等待黑熊出現的調查生活，大部分都是如此一成不變。

每天最快樂的時刻是結束巡視工作，關閉無線電，開始在森林尋找自然野樂。炎熱的午後，我帶著一身汗臭直奔黃麻溪，快速脫掉上衣，從大石頭一躍而下，身體在碰觸到沁涼溪水的瞬間得到解放。我在水中張開眼睛，模糊瞧見溪水撞擊石塊激起的氣泡，還有體型約十五公分，在滾動的溪水與石頭之間穿梭，動作如閃電一般的苦花。我雙手不自覺地划水，伸出手指想撈住眼前的魚。沁涼的溪水洗滌全身的汗垢之後，心滿意足地趴在溪旁大理石上，享受難得東部短暫的午後陽光，直到陽光被遮擋，森林逐漸暗下，這才穿起衣服，悠閒回到山屋準備晚餐。

在平凡的山居調查生活持續進行之中的某日傍晚，每年四月射耳祭前回到大分祭拜與尋根的布農族人陸續出現在瓦拉米山屋。許多參與尋根的部落族人都是熟識多年的好友，看著他們一位接一位從步道上出現，我打招呼的手一直沒有停下來。

當中成員就屬林淵源大哥和高長老是最資深的長輩，也是教導我布農族山林知識的老獵人。能在山上相遇是非常開心的事，特別是尋根隊伍在山居數日之後，明天即將回到部落，今晚是在山中的最後一晚，肯定得要大喝。

「你不是說沒有酒了，怎麼現在又有？」

「還是要喝吧！這是最後了，沒有了。」

「騙人的吧！你把酒藏在哪邊？」

「眞的啦，這是最後了⋯⋯最後了。」

這是一個科學和啤酒都不能安撫的夜晚，永遠有人從背包內拿出最後僅存的米酒，惹得大家一陣驚呼。白天的熱氣逐漸消退，山坡上吹來涼涼的微風，大哥打開米酒的瓶蓋，開啓高粱、小米酒和米酒混喝的輪杯時光。

一夥人坐在屋外草地上，享受清涼的風，即便喝著酒，獵人的耳朵仍然敏銳，聽見大赤鼯鼠一邊滑翔一邊發出短促的嗤……嗤……嗤叫聲，還是會不約而同抬頭望去。

碧眼樹蛙清脆的求偶鳴叫聲從森林中傳來，瓦拉米夜晚溫度舒適宜人，並不會感覺到寒冷，若喝多不勝酒力，也無需擔心著涼，可以直接躺臥草地上，看著滿天星斗。對於尋根隊而言，早晨從大分出發，經過一日急行軍之後，現在能浸入微醺的氣氛之中，簡直是山林最美好的時刻。

輪杯是我認識布農族部落文化的起點，也是學習獵人哲學的第一堂課，試著凡事都先聆聽觀察再動作。輪杯是凝聚感情的場合，喝酒不是吸引大家的唯一原因，重要的是參與輪杯的氣氛。在住家的前庭、山野的營火旁邊，大家常常自然而然圍坐成一圈，用同一個酒杯共飲。

執杯的人負責斟米酒，依序傳給每一位成員，接過酒杯必須喝光，酒杯才能傳回給執杯者，執杯者再倒入酒，傳給下一位，確保每一個人都喝到。

回想起第一次參與輪杯，我不明狀況地從一位大哥手上接過酒杯，猜想當時大哥一定是想看看這名大學生（部落總是如此稱呼外來的年輕人）的酒量，二方面想開開玩笑。

「這是我對你滿滿的誠意喔！不能拒絕喔。」大哥端給我一杯米酒，笑著我說。

來到部落之前，我不曾想過用於燉湯提味的紅標米酒竟然可以當「酒」直接喝。隨著經驗增長，我漸漸知道紅標米酒是部落版調酒的基酒，除了愛好男子漢式直接一飲而盡的大哥，許多人會用紅標米酒混國農牛奶、伯朗咖啡、保力達、無糖綠茶、可樂……無論如何，一杯杯都別有一番滋味。

我看著手上那杯將近九分滿的混酒，一時不知如何是好。在大家熱情的期盼下，我小心翼翼放在嘴前，還未啜飲，立刻被辛辣的米酒味嗆得一陣噁心，臉皺在一起的表情引起一旁大嫂們的竊笑。

「喝之前要先點三滴。」另一位大哥說著。

點三滴，什麼點三滴？我滿腹狐疑看著他。

「喝之前就是要點三滴……」

我不懂什麼是點三滴，拿著酒杯有點不知所措，直到有人示範我才明瞭。

布農族相信萬物有靈，接到第一杯酒時，會用食指從酒杯內點出一滴酒，然後朝天空彈去。連續重複三次，代表以酒敬天、敬地與敬靈。簡單的動作，充分反映山裡的人對於萬物的尊敬。

只是，當時我連這三滴怎麼點都不太會，鬧了不少笑話，而那杯誠意滿滿的紅標米酒還是必須喝乾。酒精落肚，我瞬間面紅耳赤，連忙把杯子交回給執杯的大哥然後低頭趴在椅上，等嗆辣的酒精進入血管中流到全身各處達到平衡，好不容易回神，突然眼前又出現酒杯，依然是裝滿誠意的米酒。

多年來經歷大大小小的輪杯聚會之後，現在的我早就習慣紅標米酒，對於兌著各式各樣飲料的混酒味道也習以為常，不過，我覺得在山上米酒會更香氣四溢。

一群人在山屋外面開心聊著天，南安部落的志節大哥朝山屋吆喝我趕快出來加入輪杯行列。我熟稔地用食指從碗內點出三滴米酒，以感恩的心情敬天地，邀請周邊的 **madadaingaz**（老人家）一同享用第一輪的珍貴米酒。

我一口氣喝下約莫半杯，酒精滑順入喉，味覺的刺激直衝腦門。鼻腔聞到米酒的香氣，眞香，果然米酒還是要在山上喝才有味道。遞回酒杯，我在一旁聽著大哥們聊天，氣氛時而輕鬆時而認眞。酒過幾輪，當酒意已達到三、四成，平時嚴肅不多話的大哥們放鬆打開了話匣子。

年輕人趁機請教山裡的故事、老部落的位置，有時候大哥們會大方分享小時候爸爸教導的每件事，如同他的爸爸向祖父學習一樣，文化傳承就隨著酒杯流動。我在草地上舒服地側臥，聽著林淵源大哥訴說著山上的故事：

在那個什麼都沒有的年代，待在山上沒有這麼方便，沒有打火機，猴板凳就是原住民的打火機。

林大哥邊說邊比出動作，教導我們如何製作。

把猴板凳從樹幹上摘下來，然後要曬乾。乾了之後，再小心翼翼放置在火旁邊燒烤，等到猴板凳的內部已經燒出火星，就可以持續保存火苗一段時間。隔天要離開，把猴板凳掛在身邊帶著，等到要生火的時候再拿出來使用。

所以，生火很不容易，要慢慢來，需要耐心。

大哥說得很緩慢，我們全都靜靜聽他解釋。

這樣摻雜族語與漢語，帶著四分酒意，專屬於拉庫拉庫溪布農族獨特的山林故事，我在夜間營火旁不知聽過幾次。每次都帶著醉意，聽得懵懵懂懂，然後總是沒多久便醉倒不省人事。隔天一早被搖醒之後，渾渾噩噩走出山屋，抬頭看著刺眼的陽光，一時眼睛還無法睜開，瞇著眼尋找水壺。

「郭熊，昨晚醉了吧？頭會痛痛的吼！」一旁準備早餐的志節大哥笑著對我說。

「還不是你，昨天還沒吃晚餐就先喝小米酒，然後又是高粱和米酒……不過只要喝醉，走路頭痛痛，我就會碰到 **kaviaz**（百步蛇）喔！」我一邊揉著頭，不甘示弱地回應。

從大學開始，我就喜歡上山尋找各種野生動物。但是專程入山尋找百步蛇，總是沒這麼簡單達成目標。台灣雖然不大，但是山高水深，兩棲爬蟲類因地理隔離而產生許多獨特物種。儘管如此，百步蛇依然是許多人心中的山神代表。

回想大學時代，隔壁科系的同學討論聯誼夜唱時，生態系的學生卻熱衷於討論今晚要到哪條林道夜觀。熬夜夜觀最大收穫是目擊目標物種，那種感動眞會讓人淚流滿面，其中百步蛇對於經驗不多的大學生而言，更是宛如神獸一般的存在。當時我對於百步蛇的地理分布也不太清楚，僅知道數量不多，並且面臨盜獵壓力，若想要在山上碰到，眞的得要祈求上天眷顧才有機會。爲了見到牠一面，叫我入山前跪在林道上親吻土地都可以。

說也奇怪，我與百步蛇有著峰迴路轉的奇妙緣分，以前專程入山尋找常常未果，在即將天亮的林道，只能摸摸鼻子對夥伴說：恭喜，今晚我們又抓到烏龜了……後來進入研究所，我逐漸把重心從娛樂性的夜觀轉為更專業的野外調查，經常踏入人跡罕見的地區，卻也因此漸漸開始和百步蛇相遇。

當我認眞在森林裡進行穿越線調查，仔細尋找樹幹上的黑熊痕跡，突然一個低頭，發現大樹根的落葉堆上正好就有一條伏擊中的百步蛇。牠和常見的青竹絲同屬腹蛇科，眼睛下方的夾窩可以感應眼前的熱源變化，搭配發達的毒牙，令人畏懼。

百步蛇採取坐等型的狩獵策略。選定好狩獵位置後，通常一動也不動地等待獵物經過，再以迅雷不及掩耳的速度發動攻擊，將大量毒液注入獵物身上，等毒性發作之後將獵物逐步吞食。

或許百步蛇依仗毒液，若發現有人類靠近，很多時候不一定會立刻離開。只見牠用毫不在乎的姿態，時不時吐出蛇信，接受外界的氣味，冷靜觀察著眼前人類的一舉一動。這種不動聲色讓人冷汗直流，深怕一個不留意踏上去，後果將不堪設想。

從小到大，學校教育不斷教導我們注意六大毒蛇，因此我早就聽說很多有關百步蛇的傳說。最有名的，莫過於南部魯凱族與排灣族的部落街道上可看見百步蛇纏繞著陶壺與百合花的圖騰。排灣族認爲百步蛇會爬上樹梢，化身成爲展翅飛翔的熊鷹。漢人則敬畏毒液，形容百步蛇會讓人在百步之內斃命，因而稱之爲百步蛇，再誇張一點，還有人尊稱爲五步蛇。

百步蛇的數量不多，相關的學術研究也寥寥可數。成年的個體，體全長可達到一百五十公分，頭呈三角形，吻端上翹、體型粗胖，集所有「毒蛇」想像於一身。

百步蛇獨特的菱形花紋、昂首的姿態，不僅讓漢人嘖嘖稱奇，世居深山的布農族人也同樣喜愛，許多織布作品上都織入了蛇身上的圖紋。然而，百步蛇對布農族有更深遠的寓意：布農族語的 **kaviaz** 代表氏族，也用來稱呼百步蛇，只是此時 **kaviaz** 指的並非蛇本身，而是指好朋友。

「大哥，爲什麼要用好朋友稱呼百步蛇呢？」我對於百步蛇的故事充滿好奇，而好提問。

「因爲以前打過仗！」

「打過仗？布農族跟百步蛇打過仗？」

傳說從前部落婦人在學習織布的時候，有天發現百步蛇身上的菱形花紋十分

漂亮，想要學習編織這樣的圖案。在求好心切之下，來到百步蛇部落，請求百步蛇媽媽借出小孩到自己家作客幾天，趁機觀摩百步蛇身上的花紋。

小百步蛇來到家裡作客，但婦女過度專心織布，並沒有好好照顧小百步蛇。有一天，婦人發現小百步蛇竟然死掉了。這下可糟糕了，跟人借小孩，沒好好照顧，竟然還讓小孩死掉！

為了不讓百步蛇媽媽發現，只好不斷推託說還要再借幾天。時間不斷拖延，百步蛇媽媽實在受不了，有天偷偷跑到部落附近，想偷看小孩過的如何，沒想到卻發現小孩已經死掉。傷心難過的百步蛇媽媽回去對著族人哭訴，憤怒的百步蛇族決定發動戰爭，教訓布農族。

百步蛇們衝進部落，見人就咬，死傷無數。

為了求生存，少數族人不顧刺蔥樹長滿尖刺，奮力爬上，雖然躲過一劫，但是全身被尖刺弄傷，血流如注。

眼看自己人做錯事，引起部落戰爭，部落耆老只好出面相約停戰，希望透過殺豬平息仇恨，永遠成為 kaviaz，意思是好朋友。

我聽到林大哥說著百步蛇媽媽復仇的故事。如同其他神話寓言故事，布農族用擬人化的自然，提醒後代子孫不要犯下同樣的錯誤，否則將會導致嚴重的後果。事實上這份好朋友的古老誓約，背後用意是警惕後代面對自然萬物需帶著敬畏之心。

不過，我後來也聽其他的部落大哥酒後半開玩笑說隔壁那誰晚上出去打飛鼠，在爬坡的時候伸手抓樹枝，結果手指被 **kaviaz** 咬到，爲了活命，只能拿出山刀砍斷手指，從此就變成九點半。

大哥一邊說著一邊舉起手，半拗著無名指示意。

有心無意，族人都十分敬畏百步蛇，但我也發現如同其他神話，部落和百步蛇戰爭的故事在不同部落都有些許出入，不過大抵上都闡述著部落戰爭與和解。

這樣的故事帶領我們認識部落深層的山林哲學涵義。如果追根究柢去思考，當中提及婦人學習織布時，創作靈感同樣也來自山林場域之中出沒的野生動物。當然，過去並沒有足夠的醫療資源，無論打獵或農忙，都必須注意毒蛇出沒，避免被咬傷。

若再仔細咀嚼，更能發現神話故事同樣也對部落衝突提供了解決之道：當發生爭執糾紛、彼此出草，爲了避免仇恨造成更大的衝突，於是由雙方部落耆老出面調解，並用殺豬和解讓衝突就此終結。原來走在古道上遇到的百步蛇有如此深遠的寓意。或許故事的原意正是提醒後人，布農族是來自山林的民族。

只是，即使有古老約定及致命的毒牙，碰到了現代獵人，百步蛇還是敵不過商業利益，一斤三千塊。

有位大哥感慨地說：這麼多年了，老是抓蛇下去賣，早就不是 kaviaz 了。

雖然現代文明浪潮不斷衝擊部落社會文化結構與個人價值觀，但是不多話的大哥們依然堅持身體力行傳統文化。

在路上碰到百步蛇，大哥們都會停下腳步，突然用族語說：

我是一位布農，我們是好朋友，請您讓路讓我們通行，謝謝。

說也神奇，當大哥用布農族語溫柔地請求之後，百步蛇也就默默離開，讓出一條路給我們通行。對比現今不時聽聞登山客一看到蛇就非得打死，我的布農大哥們不會用道德說教告訴我如何與自然相處，但言行舉止無不展露對自然的尊敬，而我自己在聽過部落故事之後，也有了難得的經驗。

不確定是不是因爲走進山林的次數多了，總之，我開始頻頻在路上遇到百步蛇。

「我真的喝醉酒就會看到百步蛇！」

志節大哥笑著不知道如何回答

不過……我的相遇經驗特別奇妙，總是發生在宿醉的隔天。紅標米酒的宿醉威力，總會讓我走路時頭暈無力，但越是精神委靡埋頭走路，就越容易遇到百步蛇。

有時我瞇著眼睛，如同遊魂般走在森林裡，完全沒注意到前方有隻百步蛇，正當前腳就要踏上去時，不知哪隻眼睛突然發現有蛇。

立刻瞬間使勁，收回八成內力，在半空中頓了一下，用盡全力向後彈了好幾步，才避免踏到腳下的蛇。驚險踉蹌閃過之後，酒意當然全都醒了！

這樣醉後和百步蛇不期而遇已經不知幾回了。

志節大哥笑著對我說：「牠是不是在問你，爲什麼喝酒沒有找？」

第五章　等待托馬斯

在遙遠的年代，農忙時，有對夫妻把剛出世的小嬰兒放在田地旁的工寮裡，一隻母熊路過，竟然把熟睡的小男嬰抱走。母熊細心照養小男嬰。他跟著其他熊崽一起爬樹、學習狩獵與尋覓森林的果實，直到長成青少年都還不曾見過族人，因此完全不會講人類語言，但是卻能用熊語溝通。

有一天，部落族人到深山狩獵，意外發現活得像黑熊的他，驚訝之餘將他帶回部落跟親人相認。少年見到失散多年的親人，這才驚覺自己其實是人，不是熊。

到底要繼續當黑熊，還是成為布農族男人？他陷入兩難。在他還猶豫不決的時候，某天在部落外森林散步，聽見一聲槍響，靠近發現養育自己的母熊倒在血泊之中。

從小養育自己的母熊，被族人槍殺了。少年難過地趴在屍體上，用熊語唱出對母熊的懷念，並在之後告誡子孫要傳唱這首歌。

在瓦拉米山屋戶外的長桌旁，林淵源大哥突然解釋熊歌的由來。他接著說：「只有狩獵過台灣黑熊的布農族獵人才能唱熊歌。」

故事才剛結束，不留給我們提問時間，大哥突然吟唱起熊歌。他張開口，從丹田發出一聲高亢的Do，一道平穩的歌聲劃破初春寒冷的夜晚，一股白煙伴隨歌聲從口中冒出，曲調聽起來帶著濃厚的哀傷。

歌曲重複著相同的節奏，每重複一次就降半音階，曲調隨著尾聲慢慢拉長，就像母熊被突如其來的子彈擊中，倒臥地上發出疼痛的呻吟，流失的血液漸漸帶走力氣。母熊知道自己即將死去，哀號聲隨著呼吸逐漸轉弱，直到最後斷氣才停下。

熊歌配合著吟唱者的呼吸，一口一口慢慢傳出，在安靜的夜晚穿透所有人的靈魂，擴散到濃霧之中，不遠處的山羌彷彿也抬頭傾聽黑熊的哀聲。坐在長桌旁的聆聽者，彷彿親身經歷年輕人目睹母熊死去的那一刻，感受到他悲傷難抑的情緒。

歌聲與我心中的疑惑糾纏在一起——我曾經追蹤許多台灣黑熊的傳說，大量文獻都指出台灣的原住民族不會主動獵殺台灣黑熊。我在歌聲停歇之後恢復冷靜，打破沉默詢問：「為什麼打過黑熊的人才能唱熊歌？布農族不是不能獵黑熊？」

但沒問出口的是，大哥在唱熊歌的當下，是怎樣的心情？對於突如其來的詢問，大哥並沒有直接回答，而是重複對著大家說：「只有打過黑熊的人，才能唱熊歌。打過黑熊的人，在部落是英雄。」

「你是研究台灣黑熊的人，所以要知道我們布農族，有這個熊歌的傳說。」

「可是布農族不是都不能獵殺黑熊？」我好奇地追問熊與獵人的關係。

「黑熊會站立，看起來就像是人，所以布農族是不殺台灣黑熊的，不過偶爾還是會發生誤殺的事件。」

坐在另一側，同輩分的高長老突然開口解釋。不同於林淵源大哥，高長老口條清楚，總是鉅細靡遺說明傳統文化的故事脈絡。他解釋布農族與台灣黑熊微妙的關係：

黑熊很大隻，又危險，不會去抓黑熊，不過如果不小心獵殺到黑熊，這樣很麻煩，必須在山上把台灣黑熊吃掉，才能回家，不然會有禁忌。

高長老接著說：

獵殺黑熊是有禁忌的，如果把獵到的黑熊帶回部落，會導致小米生病變黑。在以前的年代，小米歉收對部落是很嚴重的事情，因此獵殺到黑熊的人，必須

孤單地待在山上，直到小米收成完畢才能返家。

一個人獨自住在山上很辛苦，必須靠族人運送食物到山上的工寮。所以沒有人會刻意去獵黑熊。

在瓦拉米遇到部落大哥，總是讓我格外開心，彷彿遇到溫暖的靠山。跟著他們爬山，我可以放鬆心情，不必擔心路程上的事。此外，最讓我興奮的是大哥們在行走間毫不吝嗇地分享山裡舊部落地名的由來，還有各類動、植物的族語名。即便走了一整天，用過晚餐之後，大哥仍會分享布農族的文化故事。

「黑熊叫做 **tumaz** ，山羌叫做 **sakut**，黃喉貂叫做 **sinap sakut**，名字後面有 **sakut**，代表這是會獵殺山羌的動物。這些你要記住，跟著我說一遍。」高長老心血來潮，開始布農族語教學。

我大腦充斥著國語與布農語雙聲道，資訊混雜，一時之間難以消化，只能反覆念出剛學到的單字，趕緊用羅馬拼音胡亂記下念法。我被山裡的故事給吸引，忘記行走一整天的疲勞，不停在筆記本記錄閒聊聽到的片段資訊，等白天步行時再慢慢反芻，嘗試推敲高山上的布農族如何從土地的自然關係孕育獨特的神話與禁忌文化觀。

隔天日出沒多久，我們就整裝繼續往抱崖出發。中午前，悠閒爬到古道十八公里的轉彎處休息。十八公里處是八通關越嶺道過了佳心之後唯一有通訊的地點，成爲行程中重要的休息站，無論上山或下山，隊伍一定會在此地停留。跨過這道山稜之後，沒有收訊，也看不見山下縱谷的光線。或許如此，我總會在這邊默默告訴自己，暫時把山下的事情全部拋在腦後吧。

正當大家雙眼離不開手機之際，林大哥開始介紹老部落的相對位置，用枴杖指出方向，嘴巴念出一系列地名。也許是天氣宜人，他話鋒一轉，突然考起我來：「郭熊，你研究台灣黑熊，那你知不知道夏天的時候，黑熊會在哪邊？」

「黑熊這麼會跑，我怎會知道跑去哪邊？」

大哥笑著對我說：「那邊。」手同時指向玉里山旁的一片森林，「你有沒有看到，一棵棵，有白白、黃黃的樹，那些是 **nnaga stragano**（布農語：大葉楠）的花。六月就開始結果。黑熊愛吃，所以就會在那邊吃。」

我不曾留意對岸有開著黃花的大樹，也沒想過這些開花的大樹竟然跟黑熊的移動有關聯。不過，大哥不經意的一指，直接回答了生態學想探討的動植物互動關係。大哥沒修過任何生態課程，卻比我更熟悉山裡的一切。

他憑著常年在山林狩獵的經驗，累積森林的節氣變化觀察，進而將蛛絲馬跡連成生態網絡，不只從大樹開花去推演動物出沒的關係，更善於追蹤大型動物的獸徑，找到巧妙通過崩塌地形的安全路線。只不過，他是用布農族的詞彙與思維解釋，我則必須自行從他的話語之中尋找各種生態現象。

像是 **nnaga stragano** 指的是大葉楠，但其他楠木種類也可用這個字彙泛稱。在台灣的植被環境之中，樟科楠屬的優勢分布範圍從五百到一千五百公尺左右，而他的手所指的玉里山山腰，海拔約一千公尺左右，這樣的海拔擁有許多大葉楠、香楠和紅楠，也包含許多假長葉楠，還有各種木薑子散生於森林之中。

巨大的楠木是台灣中低海拔山區森林樹冠的優勢物種。紅楠鑲嵌於森林之中，在春天抽完嫩葉之後，春夏交際之間便開出鮮亮的粉黃色小花。聚繖花序的小花開於樹冠頂端，十分顯眼，只需要觀望花況，再配合梅雨季節的降雨強度，就可大概推測楠木的結果狀況。若恰巧碰到大發生的豐年，一株株盛開的楠木如同煙火般燦爛，站在十八公里處遠眺玉里山的西側，山坡就像百花盛開，十分豔麗。

楠木短暫的花季結束之後，樹梢開始慢慢冒出不起眼的橢圓形狀漿果。在七月盛夏，果實逐漸成熟飽滿，顏色轉爲深紫黑色，是許多野生動物無法抗拒的美食，自然也會吸引獵人前來設置陷阱捕捉獵物。

從前林大哥會在七月進入較低海拔的山區尋找獵物，觀察到台灣黑熊同樣會被楠樹甫成熟的果子給吸引。經過大哥的指點，我養成習慣，一到休息處就先留意四周環境，在許多崩壁或有展望的開闊地，也會觀察附近樹冠上是否有殘留的折枝平台，這樣也可快速知道此區是否有黑熊。

只不過台灣黑熊善於爬樹，行跡隱蔽，數量十分稀少，嗅覺又特別靈敏，只要聞到附近有人類出沒，還不等到被人發現就會溜走，因此即便我已經善於辨識台灣黑熊的各種痕跡，蒐集了各個民族與黑熊有關的神話，卻仍未看過野外的台灣黑熊，這是我心中最大的糾結。

黑熊的數量稀少呀！

前幾年，我們進行台灣黑熊的分布踏查時，我跟著老師走遍台灣山區，然而卻沒有目擊過台灣黑熊，甚至連尋覓黑熊的蹤跡都很困難。當時我才體悟自己是用雙腳理解瀕危物種所代表的意涵。我雖然是在進行黑熊的研究工作，跟黑熊卻彷彿絕緣。

緣分未到，時機成熟自然會現身在眼前！

每當我又發現一處新鮮的黑熊痕跡時，總會用各種方式安慰自己遲早會遇到大黑熊。

我告訴自己，或許某次調查的途中，當我往森林深處看去，其實就有隻黑熊默默窩在大樹上觀察眼前的人類，只是我沒有發現。

搞不好我會在步道偶遇一頭黑熊！而且牠不會發現我，這樣我就可以盡情拍照！

有一陣子，我把單眼相機掛在胸前，隨時做好準備捕捉驚鴻一瞥的動物。只不過最後的下場都是脖子不甚負荷相機重量而拉傷肌肉。不僅如此，為了尋找黑熊，我不斷注意各種動靜，變得有些神經質，不免出現自我質疑的聲音，開始反省這麼想拍到黑熊，是想留作紀念，還是為了炫耀？

但是我每次上山都由衷認為黑熊應該就在前面不遠處。很想看見黑熊的聲音與自我安慰的畫面在大腦此起彼落。我就這樣帶著期待的心情，不斷醞釀看見黑熊的渴望，以至於有次趕路的途中無意間嚇到一頭毛色深灰黑的大山豬——我見牠從濃霧中昏暗的大樹下竄出，龐大的身形讓我一度告訴自己這次應該遇到黑熊了，不過幾秒鐘之後，內心深處就湧現一股愧疚感。

年復一年的等待中，我開始熟悉黑熊生存的各種棲息環境，學會辨識大樹的種類，了解季節物候的週期，能從動物遺留的痕跡推敲動物行為。只是，我仍然未目擊任何一頭台灣黑熊。有時，我懷疑自己是在追逐黑熊出現的瞬間，還是享受持續等待的過程？

我開始感覺追尋一隻神秘的物種，每次期待落空，都是爲了更加掌握與之共存的一切，不只是棲息環境的輪廓，還包含同一空間內的其他生物……就像是在玩拼圖，我慢慢把黑熊的生存空間一點一滴拼湊完畢，而有幸目睹一頭熊出現，就像是塡上最後一塊拼圖。

突然之間，我反問自己是否眞的需要拼上這一塊呢？還是只要知道我和熊曾在同一片森林擦身而過就滿足了。每一次出入山林，我的急迫與渴望不停在躁動，只能不斷告訴自己必須坦誠面對。

台灣黑熊是台灣陸地上體型最大的食肉目動物，文獻提到成年公黑熊的體長可以達到一百八十公分，體重超過一百公斤。獵人畏懼牠壯碩的身材，但又期待能超越強大的黑熊，成爲族人口中的英雄。

食肉目動物令人著迷，巨大的體型、銳利的爪子與強壯的犬齒，代表著自然的強悍與力量。從古至今，各個民族的神話之中都存在著這樣的著迷。北美地區的美洲棕熊與美洲黑熊都是北美原住民族重要的靈獸。對於台灣深山的布農族人而言，黑熊是矛盾的存在：獵殺黑熊是危險的行爲，因此成爲禁忌，但若成功獵到，又是英雄的象徵。

爲什麼想看見可能會攻擊人類的生物？不怕危險嗎？我邊走邊問自己，難道沒想過森林沒有圍欄，萬一黑熊朝我衝來，我能處之泰然嗎？難道我寧可冒著被攻擊的風險，也想要一睹黑熊？如此矛盾的心情也深深困惑著我，只是我期待的是用眼睛當獵槍。

我待在冬季的大分森林，這是台灣黑熊密度最高的地區。我有時刻意一人前來，彷彿在冒險，感到手心冒汗，我既享受這種刺激快感，但是也心知肚明，動物並不會如我所願，乖乖出現在眼前。

夜晚，關起山屋的大門，我提醒自己遇到台灣黑熊該有的應對策略。山居生活就在日出而作日落而息之中緩慢移動，直到有天傍晚我檢視自動相機拍攝的畫面時，看到照片中出現巨大的黑色身體，幾乎占滿自動相機的螢幕。

我仔細查看這頭黑熊。牠背對著鏡頭，體型肥壯，熊肚如同圓柱，下垂的肥肉幾乎碰觸到地面，粗壯的後腳扎實地踩在地上。我前後查看連續畫面，發現熊臉上有條舊疤痕，從眼睛下方連接到吻部附近，可能是跟其他公熊打架留下的傷痕！牠在相機前逗留的模樣也十足凶惡。

這可是一頭標準的大公熊啊。趕緊看看何時拍到的？

照片右下角顯示的時間爲六點零一分，這不就是我昨天才剛離開不久，牠就出現在自動相機前面！此時此刻強烈的眞實感冒出，彷彿黑熊就在我身邊，長時間等待的那一刻，真的要實現了嗎？不過，這頭黑熊可比一般的成熊更加巨大，面對冬天提早暗下的森林，我背部突然一陣涼意。

若真的是牠，從森林黑暗處衝出來，朝我咆哮一番。

不怕！不怕！我知道黑熊不會主動靠近人類，即使是大公熊，也不會沒事攻擊人類。

我一邊安慰自己，但是還是稍稍加快抄寫，快速完成自動相機的設定，背上背包離開。接下來幾天，自動相機都拍到牠的身影，而且，出現的時間都在我離開的不久之後。

莫非，牠在觀察我？

可惡，為什麼不正大光明現身呢？

我有一種被戲弄的感覺。眼前任何一個角落可能就有一頭台灣黑熊，但我竟然都沒能察覺。我抬起頭，三百六十度把森林徹底掃視一遍，仍然一無所獲。幾天過去，黑熊始終不曾現身，而後自動相機也未再拍到這頭大胖熊。

啊……或許牠離開了吧？

好吧，能夠知道彼此就在同一片森林裡面，感覺還是很棒！

看來，幾乎要出現在眼前的黑熊，又回到森林之中了。內心其實有說不出口的失落，只能打起精神抄寫紀錄。調查生活再次回到平淡無奇的日常資料蒐集。只是，我還是十分期待能遇到台灣黑熊。

就在大公熊離開沒幾天之後，一個晴朗的傍晚，我完成野外工作，回到山屋準備炊煮晚餐。我站在廚房，正在思考如何料理快要腐壞的蔬菜，突然之間，外頭傳來一聲清脆的樹枝斷裂聲。我懷疑地走到側門，朝聲音傳來的方向望去。

現在天氣這麼晴朗？為什麼突然傳來樹枝斷裂的聲音？太不正常了吧！

等等，莫非是黑熊在吃青剛櫟？

當我意識到那可能是一頭黑熊時，我顧不得即將天黑，什麼裝備也沒帶，穿著拖鞋就立即朝森林跑去。果不其然，我在不遠處的古道上看見剛被折斷的青剛櫟枝條。

天啊，這些枝條都將近我的手臂粗！

黑熊在哪？

我一邊驚訝黑熊的力氣之大，一邊抬頭四處尋找黑熊。不知道是因爲奔跑，還是心想可能即將遇到台灣黑熊，耳朵聽見心跳劇烈的跳動聲。

但是，這麼新鮮的折枝。不代表黑熊還在附近呀。

況且，牠就算還在附近，也可能被山坡擋住……

黑熊移動速度這麼快……若牠發現有人類靠近，搞不好早就離開現場了。

在劇烈的內心拉扯中，我清楚意識到我可能又一次和黑熊在同一時空之中錯身而過，所以不停告訴自己別過度期待，避免爲了再一次希望落空而難過。但是，我仍驅動身體的全數本能搜尋四周動靜。腎上腺素完全掌控了我的身體，幾分鐘之後開始感覺到頭暈。

郭熊，你必須冷靜，因為黑熊可能早就遠離了。

我太明白黑熊的習性，此時此刻，只能開始向老天爺默默祈求。

讓我看見牠吧！讓我看見台灣黑熊吧！

哪怕只有一秒鐘的時間，我好想親眼看見一頭熊。

爲了避免驚嚇到可能還在附近的黑熊，我將腳步放到最輕，在逐漸黯淡的森林四處張望尋找。就在祈求完畢，恢復冷靜的幾秒鐘之後，我的眼角突然冒出一道移動的黑影。

我緊張到幾乎停止呼吸，轉頭定睛一看，一頭台灣黑熊就距離我不到十公尺。

黑熊無聲無息融入黑暗的森林之中，但是我進入極度專注的狀態，以至於清楚看見一對大而圓的耳朵、蓬鬆的頸毛、烏黑的毛髮。

突然之間，牠停下腳步，歪著頭，看了過來。

我們四目相對。

此時此刻，我拋下所有擔心，直挺挺站著，眼睛動也不動地看著眼前這頭熊離去，內心激動地大喊：

我看見黑熊了！

我看見黑熊了!!

我看見黑熊了!!!

攝影｜汪仁傑

第六章　我與黃喉貂的短暫相遇

夜晚，響亮的叫聲穿過森林。
「你聽，貓頭鷹在叫。」
「大哥，這是領角鴞的叫聲。」
「不是，這聲音比較響亮，不是一般的貓頭鷹。」
「是吧，這分明是領角鴞的叫聲。」
「這是送子鳥，牠停在房子附近叫，代表那戶人家要生小孩。」
「所以領角鴞是送子鳥？」
「這不是領角鴞……」
在無風的夜晚，黑暗的山谷成爲共鳴箱，讓一絲絲的聲音在山的兩側迴盪。我和大哥還在爭論送子鳥是哪一種貓頭鷹，這時一聲羌吠劃破寂靜，吠聲如此靠近山屋，似乎山羌就站在不遠處的黑暗裡有話想講。
「山羌變少了。水鹿把芒草都吃光了，山羌沒地方躲，容易被黃喉貂追殺。」物種的此消彼長總是默默發生，獵人敏銳察覺到動物的數量改變。大哥接著說：「早期，大分山屋周邊有許多芒草，因此山羌很常在附近活動。」現在芒草不見了，也越來越難聽見山羌叫聲。物種間的交互作用很難單憑感覺武斷判定因果關係。不過遭到水鹿啃食改變的地貌，是否會讓山羌與黃喉貂的掠食關係也出現變化，我自己也想一探究竟。

雖然不該用美醜去形容野生動物，但是模樣討喜的黃喉貂可能會造成山羌的族群減少，顯然我們對牠的習性仍所知不多。過去，我雖然未能天天遇到黃喉貂，卻常發現牠們的排遺。貂科動物喜歡用排遺、尿液標記，尤其是古道沿途休息的石頭上。因此，正在進行黃喉貂研究的好友，只要一放下背包就開始撿拾排遺。

我跟他蹲在一坨長約十公分的排遺前，討論裡面究竟包含哪些動植物。山羌、鼠類或鼩鼱的細毛經過消化之後捲曲如麻花，偶爾還出現未消化完全的種子。食肉目多半是機會主義者，只要有機會嘗試，牠們似乎不太會排斥。

千萬不要小看這又名「羌仔虎」的動物，牠們可能是台灣最頂尖的小型掠食者。大哥說，黃喉貂很會爬樹，有時會鑽進樹洞抓飛鼠，不過最厲害是獵殺山羌。黃喉貂的體型比山羌還小，因此會兩、三隻一起追逐山羌，甚至還有四隻同行的紀錄。

有次前往大分的途中，突然見到一隻山羌連滾帶衝奔下山坡，在命懸一刻之際不知所措地看了我一眼，然後向前跑掉。三隻黃喉貂尾隨在後，停頓了幾秒，跳上倒木朝山羌追去，沿路逗弄著獵物，有時衝刺靠近，有時阻擋去路，靈活地在林木間穿梭，山羌則是一路踉蹌。

食肉目動物通常都很怕人，但是我感覺黃喉貂對人類充滿好奇。我曾經遇到獨行的黃喉貂，牠聽見我的聲音後，竟從森氏櫟下來，躲在石頭後方探頭探腦看著眼前的人類。

久而久之，我習慣與黃喉貂的各種相遇。傍晚牠們無聲無息靠近山屋，在石牆上來回移動，就像在觀察獵物，我總是期待好好觀察這種可愛的生物，但是，牠們總在我過足癮之前就對人類失去興趣，一溜煙消失在森林之中。

終於在一次從大分下山途中，在經過抱崖山屋時看見一隻山羌屍體，幾隻綠頭蒼蠅來回在已無生氣的皮毛上叮食。山羌外表沒有明顯的傷口，肛門卻被咬開，腸子露在外頭。掠食者永遠都先吃掉最營養的內臟，之後才逐步吃下其他部位。

這是黃喉貂的戰利品。

我回想上回遇見的追擊，試圖重組遺失的片段。黃喉貂的策略很簡單，就是追逐山羌，直到山羌筋疲力盡才給予最後一擊。眼前這隻山羌勢必經過一番掙扎，不過難逃死亡的命運。

掠食者不會放棄到手的獵物，肯定會再回來。我是繼續趕路下山，還是找地方躲起來觀察牠們的行為？最終好奇心戰勝趕路回家的心情，我迅速關起山屋的門窗，留下一扇窗的縫隙，等待掠食者回來。

雖然山羌才剛斷氣，但死亡氣味已隨風飄散，各種昆蟲一擁而上。體型較大的黑腹虎頭蜂咬下一塊鮮紅肉塊，像是載重的直升機，緩緩從屍體上起飛，隨後又飛來一隻，不停地切割屍體。

我靠在窗邊，默默看著屍體，等待的過程中，只能依靠聽覺辨識外頭的動靜：鞘翅目拍翅聲音越來越清晰，糞金龜的飛行技巧不太高明，就像一顆捉摸不定的蝴蝶球，蒼蠅越來越多。

約莫半小時之後，一條黑影從石頭後方竄出，後面接續出現兩隻黃喉貂。貂群停在屍體旁追逐玩耍，其中兩隻窩在石頭上休息，另一隻趴在屍體上大快朵頤。我不確定黃喉貂是否有發現我，還是根本不在意有人在偷窺。

親眼目睹這難得一見的行爲，身體因爲偷窺感覺到血脈賁張。我一邊抬頭觀察，一邊記錄牠們在屍體旁邊跑動、追逐與玩耍，同時內心也越來越多疑惑。

體型相似的狀況下，我先排除有未成年的幼體。

只是從外觀完全無法分辨個體，我也無法辨別性別，以及這三隻黃喉貂的關係。

我注意到三隻黃喉貂並未同時啃食山羌。看起來總有一隻在旁邊東張西望，另一隻則在旁邊休息、玩耍。然後，這樣的覓食行爲持續幾分鐘後就被玩耍行爲打斷。

互相追逐一陣子，又回復相似的覓食節奏。只是……我無法確定是同一隻在繼續啃食呢，抑或已經換成另外一隻？

東張西望是否就是警戒？

牠們在警戒什麼？其他黃喉貂嗎？

難道會有其他掠食者搶奪牠們的獵物!?

牠們之間有位階關係嗎？

我目不轉睛盯著眼前的覓食行爲，不知不覺把心中的疑惑說出口。我注意到追逐時間越來越長，難道牠們已經吃飽了。其中一隻黃喉貂跑去追咬虎頭蜂，不過只是徒勞無功，反而驚起蒼蠅四處飛舞。

我興奮地看著牠們在食物前嬉戲，內心冒出強烈的期待，幻想森林裡體型最大的食肉目動物是否會循屍臭而來。若能幸運看見黑熊，那絕對是無與倫比的經驗。

正當我幻想許多可能的場景，一瞬間，三隻黃喉貂一哄而散。發生什麼事，是黑熊出現了嗎？躲在山屋內，缺點就是不能完全看見戶外，因此無法得知是什麼驚擾了黃喉貂。

一時之間，氣氛緊張起來。我期待眼前出現巨大的黑色身軀，想聽見除了溪水聲之外，是否有其他動物的腳步聲。受不了誘惑，我冒著驚擾動物的風險，探頭想一看究竟。

此時，空蕩蕩的草地上，只剩下幾隻蒼蠅圍著屍體飛舞。

難道被我嚇跑了？有點懊惱自己是否干擾到動物，氣餒地坐在山屋通鋪上。突然一條黑影從石頭後方竄出——黃喉貂循一樣的路線回來了。太好了，心中有股失而復得的感動，牠們應該在附近追逐玩耍吧。

一隻黃喉貂踩在山羌的肚子上，不斷嘗試咬開柔軟的腹部，前肢用力伸入腹腔，漂亮的貂毛沾上紅色的鮮血，咬下山羌腸子的模樣震撼著視覺。其中一隻不打算加入分食的行列，衝刺追咬低飛的虎頭蜂，突如其來的舉動似乎惹怒了同伴，於是貂群展開一陣追逐，然後停下動作抬頭嗅聞。

牠們到底會這樣持續多久？會吃光整隻山羌才離開嗎？

此時此刻，我心滿意足地看著眼前迷人的生物奮力想從山羌腹中咬出內臟組織，我看著牠總是挑選最營養柔軟的部位，若用古典經濟學計算成本與獲益，眼前的黃喉貂採取最短時間獲得品質最好的食物，即是動物行爲學常提到的最佳覓食策略。

想起過去不期而遇時總是只能驚鴻一瞥，如今卻在這樣的偶然機會記錄黃喉貂的覓食行爲。有幾分鐘我想把這種興奮的感覺大聲叫出，只是大腦告訴自己必須安靜躲在山屋內窺看。

我已經停止記錄了。剩下的時間用眼睛好好享受一切。突然之間，隱約聽見窗外傳來一陣微弱的急促叫聲，隔著溪流聲，我一時以爲是台灣野山羊的叫聲或大冠鷲在上空盤旋。

叫聲出現的瞬間，黃喉貂再次一哄而散。這已經不知道是第幾次發生，我也開始見怪不怪，反正幾分鐘之後，肯定又會從某處竄出。我放鬆心情，想趁黃喉貂離開時深呼吸，調整緊張的情緒。

只不過還未來得及深呼吸，一道黑影急速降落，一切發生得太突然，我身體下意識向後，想躲掉驟然出現的黑影，等我回神，一隻老鷹停在山羌的屍體上。

電光石火之間，我大腦錯亂驚呼：「是大冠鷲。」

但是，下一秒馬上發現自己認錯物種了，這不是大冠鷲。這是……

幾秒之後我才恢復冷靜，看清眼前出現是一隻熊鷹。過去，我只能仰頭觀望猛禽飛行的身影與翼形，以此判斷猛禽種類，此時此刻，一隻熊鷹意外站在三公尺前方，我才發現天空竟將熊鷹巨大的身體隱藏在高處。雖然在拉庫拉庫溪時常能看見熊鷹滑翔，我卻頭一回清楚看見老鷹的輪廓、翅膀上深淺交錯的羽毛，以及被稱爲角鷹的頭形，在後腦有兩根羽毛形成羽冠。

熊鷹的體型僅次於林鵰，由於體型壯碩，能負重飛行，加上強力的鷹爪，曾有紀錄指出牠能捕捉在樹梢棲息的台灣獼猴。這下我知道黃喉貂為什麼飛奔逃開了。

熊鷹霸氣地停在山羌上，鷹爪微微掐入屍體。估算眼前這隻山羌至少也有十五公斤，難道，牠準備將屍體帶走。我一動也不敢動，有意識地閉氣，避免發出任何聲響被牠發現。

熊鷹調整站姿，用不可一世的姿態巡視環境，銳利的橘色瞳孔停在窗戶，目光穿透黑暗直視著我，我成為受囚的獵物，因緊張而口乾舌燥，即便仗恃自己躲在暗處，不過心知肚明已經洩露了行蹤。

果不其然，牠展開雙翅，不疾不徐飛離眼前。我驚魂未定，微微靠在山屋的牆上，腦袋不斷回想剛剛一瞬間熊鷹降落的畫面。鬆了一口氣之後，我萬萬沒想到，心中期待出現的黑色身影，竟然會是從天而降的熊鷹。

攝影｜白欽源

第七章　Qaisul阿公的獵寮

以前晚上烤火，聽老人講清朝路和日本路的階梯。當時我很年輕，不懂啊，老人也沒講清楚。我就自己走去看看老人說的路，直到研究古道的人來了。喔~我才知道這是在說這條八通關古道。

林淵源大哥口中的「清朝路」指的是清代八通關越嶺道路。這是一條貫穿中央山脈由竹山至玉里的道路。清古道經過拉庫拉庫溪北岸巒社群的部落，從玉里向西，翻越玉里山，再下到塔洛木溪，爬升將近海拔一千公尺到阿布朗山，隨後往馬嘎刺托溪下切，繼續爬上阿波蘭水池，再次往下直至馬霍拉斯溪，翻越公山稜線來到米亞桑溪，最後上到大水窟池，一路緩下抵達東埔。

不斷爬升海拔落差一千公尺以上的山脈，在稜線、溪谷上下數回，想必當年是十分辛苦的開路工程，除了外人不易進入之外，陡峭稜線也讓道路經常受損。一八九五年台灣割讓給日本政府之後，長野義虎是首位利用清八通關橫越中央山脈的日本人。隨後，為了有效掌控部落，日本人最終選擇在溪的南岸重新開鑿新越嶺道。

日治八通關道路一興建，宣告了清代八通關越嶺路的荒廢，隨著年代推移，這條清朝開鑿的道路幾乎埋沒於深山之中，僅剩少許步階，成為部落大哥口中父執輩狩獵回家曾經走過的清朝路。

現今的大哥們雖未在山中的舊部落出生，不過他們乘載著父親口述山中的故事，在成長階段曾經跟隨長輩在祖居地狩獵。跟著大哥在日治八通關的路上，無須我多問，總會望著溪的北岸，分享兒時與父親利用清古道回到老家的記憶。我在爬山的過程受到大哥們的潛移默化，開始嘗試理解曾經發生在這片土地上少為人知的歷史事件，也逐漸感受到族人對於山林的熱愛。

布農族是走路的民族，終年步行創造出獨特的共同經驗。古道荒廢之後，森林逐漸將通往舊部落的石階跟獸路揉在一起，而往返的族人非常自然地給予每個地方獨特的稱呼，很多時候是用經驗命名。

就像耆老替人取名會先觀察對方的外貌、個性和行為，再從過往的族人名字之中找到最相近的人，採用他的名字替人命名。很多時候，行走山林的獵人同樣會透過觀察為山命名，馬霍拉斯（Mahudas）是形容秀姑巒山冬季積雪的山頂如同白髮蒼蒼的老婦，馬西桑（Mashisan）則是太陽最後照到的地方。不僅如此，命名也會帶著情感。在布農族遷移的過程之中，族人帶著離家的惆悵站在山頂回望故居，於是稱卑南主山（Sakakivan）是最後回望老家的地方。很多老部落的命名則是依據當地特殊的植被，像是利稻（Litu）是山枇杷、痲天久留（Bacingul）是鬼櫟、太魯納斯（Talunas）是一種短矮的竹子。布農族把對山的情話藏在母語之中，若想眞正理解傳統地名的由來，必須進入布農族人的生活之中，親身體驗文化背後獨一無二的自然輪廓。

我第一次詢問清八通關古道，是在閒聊的時候，魏友仁大哥偶爾露出若有所思的表情，對著我說：「該怎麼跟你說呢？」後來，我才知道這時大哥不單只是在思考如何將族語地名意譯成中文，同時也在回憶單字背後所代表的整套故事。

「如果要翻成中文，就叫做『軟軟的』。」

「啥？爲什麼取名軟軟的？」

「該怎麼說呢，因爲那邊有很多杜鵑樹，地上落葉厚厚一層，走過去就軟軟的。」

我在偶然的機緣之中，聽見魏大哥分享年輕的狩獵故事，他是林淵源的妹婿，年輕的時都在阿布朗山一帶狩獵，因此對於拉庫拉庫溪北岸的生態環境十分熟悉。

起先，我很常得到類似的答案，對於帶點幽默感但不脫離眞實的地名總是一知半解。與布農族的獵人有更多互動之後，我逐漸明白賦予地名是人跟土地最眞切的互動經驗。慢慢的，我才明白在布農族的山裡，每條稜線、每道溪谷都有人的溫度，每個角落都藏著故事。

我年輕的時候，在 Tatalum（塔洛木）那邊打獵。現在那邊的清朝路都斷光光了，不會走很容易迷路。

動物很多。特別是你想看見的黑熊。

那個時候，我跟林大哥，一人一座山，我們常常獨自在裡面放陷阱。

要爬上阿布朗山很陡，我們以前一天就從部落走過去，住在石壁獵寮。

早先，他不太願意分享年輕時狩獵的故事，大概還是有顧忌吧，畢竟那時我正在做保育工作。直到有一天，他才默默解釋，在三、四十年前，部落裡的人爲了養家活口，除了進城當勞工，另一個選擇就是靠山，無論是賣山產、偷種香菇……

他總會說，跟現在不一樣，你沒辦法想像，我們年輕的時候，爲了養家，必須打獵、賣山肉才能過活。

這群從小到大住在山裡的大哥，對山具有候鳥般的內建空間感。魏大哥趁著打獵的時候慢慢摸索環境，無需地圖、指北針，對山的記憶結合了地形與觀察。

只不過，他的說法總是充滿藝術跟觀察。每當我開口詢問，大哥就露出一種不知道該如何解釋的困惑表情，有時懶得解釋，最後熬不住我的逼問，就給我一個很獵人的答案：

有的時候，跟著水鹿走。有的時候，必須小心翼翼，在峭壁之間找到山羊的路。反正你也會看獸路，到那邊自己看一看動物的路怎麼走，就會找到路。

大哥越講越激動，參雜太多母語地名，我一時有些混亂，抬頭看著他：「大哥，你可以再說一次嗎？」

他露出一種，你看吧，反正你也記不起來的表情，微笑望著我。

從卓溪這邊上山，會先爬坡經過 Nas Maya，過去稜線平平的地方叫做 Kilis，才開始走山腰到 Andivulan。

你知道為什麼是 Andivulan？

Andivulan 代表敵人的便當，老人家說以前有外人想入山出草布農族，他們找了一位布農族嚮導帶路，但是這位布農族人不願看見族人被出草，於是當他走到這裡，趁著異族人不注意，把便當丟進山谷，讓異族人認為是惡兆，下山離開。

Andivulan 過去才是 Toqu Banhil，然後是阿桑來嘎的叉路，那邊一邊往清古道，另一邊是去阿布朗。

大哥如數家珍，而我附和著，不停將故事抄寫在筆記本上：Nas Maya 是以前有對年輕的情侶，因家人（族）反對而無法結婚，所以相約在此地殉情。Nas 是指已故，Maya 是殉情女生的名字。Kilis 指的是某蕨類。從最後農家往上到稜線之後，沿途都是蕨類。Toqu Banhil，這是一處柔軟的杜鵑森林，附近有小溪，是個舒服的營地。

大哥由部落逐步深入山裡，慢慢講出沿途族語地名的由來，很快從塔洛木溪來到阿布朗山上。我實在忍不住了，插嘴打斷他，「等等……你們以前在阿布朗山怎麼走？這一段山路很陡峭，一般人應該無法一天走完吧？稜線上又沒有水，你們怎麼辦？」

「我們以前從山下出發，一天就可以爬上阿布朗山到石壁獵寮。獵寮是阿德的阿公（Na Qaisul）在用，雖然是他的獵寮，不過，只要我們路過也會使用，獵寮是共用。如果你想走清八通古道，那最好找到石壁獵寮，但是我也好多年沒上去了，不知道變得怎樣。」

「你說獵寮在阿布朗山過去？」我追問著獵寮的位置。

「沒有，石壁獵寮在阿布朗山的下方，爬過山頂之後，才是 Lambas 的紅檜森林。以前大崩壁旁邊有兩條路可以上去阿布朗，不過一條已經崩掉很危險。現在你走的這條，一樣很陡，爬上去之後，再走一段，跟著水鹿走腰繞，就會看見石壁獵寮。」

「我看地圖，附近應該都沒有水源，這樣你們以前在那邊打獵怎麼喝水？」

「獵寮在大岩壁底下，石壁會滴水，所以不需要取水。跟著水鹿走，石壁很大，不會錯過。」

我狐疑地在筆記本上抄下魏大哥的描述，看來在險峻的稜線上，石壁獵寮是絕佳的紮營地點。還不等我回神，坐在另一側的大哥邊說話手指邊在空中比畫，我能感受到他眼前彷彿出現了阿布朗山巨大的大崩壁。

Lambas 附近有檜木儲水桶，稜線上沒有水，以前的老人很聰明，把倒掉的紅檜樹幹上挖三個洞，接雨水。

我陪他神遊拉庫拉庫溪北岸，偶爾在 Lambas 的迷霧紅檜森林，又突然聊起馬西桑稜線上有戶家屋的木頭梁柱都還在，他帶點興奮地說馬西桑部落遺址有很多紅檜梁柱。

多年之後，爲了親眼所見大哥們口中溪北岸的米亞桑，我踏上這條未知卻充滿熟悉感的山路，並如同大哥所說的，「在 Toqu Banhil 舒服的台灣杜鵑林下紮營，然後快速下到塔洛木溪，準備面對陡峭的阿布朗山。」此時我腦中回想起大哥對石壁獵寮的描述：

跟著水鹿走就會到。

哪裡有水鹿？眼前山坡雜草叢生，毫無路徑。沉重的背包壓迫肩膀，我低著頭，奮力抓住前方的樹枝，用力一拉，將自己帶向前幾步，而後停下來大口喘氣，汗水模糊了鏡片。我無暇顧及其他隊友，與阿布朗山的陡升攀爬陷入無止境的對峙之中。

那條路很陡，往上走的時候，那個山坡都快碰到鼻子。

意識浮現包爺認眞說出這句話的表情。他是卓溪中正部落的耆老，每一年都會帶後輩回到位於阿波蘭半山腰的祖居地（Tungangan）。山壁直直向上，彷彿一抬頭就會被地心引力朝後拉下。在這樣的環境，幾乎沒有什麼獸徑可以跟隨。我硬著頭皮，重重踩著每一步，意識游移在現實與大腦的期待之間。

看著GPS的位置，距離上一個休息點推進有限。身體機械式的重複動作，抬頭喘氣、手抓樹幹、腳奮力一踩。背包一個晃動，我吃力地穩住身體，喘氣，然後抬頭觀望下一步。

這樣經過幾小時之後，肩膀上沉重的背包早已壓得我不願抬頭看向高處，只顧埋頭朝上坡走。汗水突然滴落在一條寬大的獸徑上，我來不及確認是否有水鹿的腳印，就將雙腳踩在上面，沙石滑動，滾落至邊坡之下。

水鹿的獸徑出現了？

我突然感受到不遠的高處就是平坦的稜線，身體湧上一股力量，用力踩著小碎步踏上去，在一個坡坎前，雙手抓住上方的樹幹，手臂奮力一拉，我飛撲到一條寬敞的稜線上了。

直接甩下笨重的大背包，趴在地上大口喘氣。隨後朝山坡下方大叫幾聲，一邊等待隊友出現，一邊打量這條朝思暮想的稜線。過去多年，我不斷從溪的對岸觀看，產生非得要親自造訪一回的憧憬，憑藉累積的印象，讓我知道寬約莫一百公尺的稜尾後方即是陡峭的山壁。

稜線左右的森林呈現有趣的分野，一側是數棵台灣杜鵑組成的乾燥森林，但是在潮濕的背風處長著許多殼斗科大樹。我跟著水鹿的腳印來到一棵鬼櫟樹下，看見剛被黑熊折斷的樹枝，在另一旁凹地泥巴堆中找到一根舊鹿角。

發現許多水鹿的蹤跡、撿到鹿角，都是好預兆。揮別一路陡升的坡面，動物蹤跡明顯在山稜上熱鬧起來。從早上六點起登，奮鬥到下午，足足七個小時，身體已經僵硬，不過我們依然如釋重負，開心扛起沉重的背包往前走。獸徑像是一條登山步道般展開於眼前，我們慢慢朝稜線爬去。

眞的如大哥所說，只要跟著水鹿走就可以。

那這樣能順利找到阿公的石壁獵寮嗎？

我們一直爬，彷彿有頭水鹿知道我們要往那邊去，帶著我們一路向前。我們跟著水鹿巧妙穿越亂石堆，查看一棵二葉松樹幹上動物磨背留下的泥巴印，繞過一棵布滿熊爪抓痕的森氏櫟，在瓦氏鳳尾蕨間繞著之字型上爬。雀躍的心情不受疲勞影響，但背包壓著身體停下腳步休息喘氣的頻率越來越高。

傍晚，陽光退到中央山脈的另一側，東北季風推著低矮厚重的雲氣不斷湧入山裡蓋住森林。濃霧湧上山稜，我們行走在白霧之間。我已經拋去早上的困惑，不再不停質問自己爲何而來。此時此刻，腦中只想著阿公的獵寮會在哪邊？獵人的習性會把獵寮設在哪？跟著水鹿走就能發現？

寬稜在幾分鐘之前已逐漸消失成陡坡。我們陷入體力快速流失的疲倦之中內心期待在天黑雨落下前找到營地，不過此處並無任何平坦地帶適合紮營，只能硬著頭皮相信水鹿能帶我們找到阿公的獵寮。

一邊觀察山勢，一邊留意獸徑，大腦不斷回想大哥提過的一些地形描述。霧氣凝結成水滴掉落在帽沿，我憂心忡忡看著稜線上布滿青苔的大石塊，皺著眉頭告訴自己，找到獵寮，才能有舒適的營地，否則我們就得睡在凹凸不平的石頭間。

光線漸落，蒼白的森林逐漸轉成灰階的世界。我看到一條獸徑，繞過邊坡之後，彷彿會順著地勢爬上另一側山稜，而在獸徑的遠方，似乎有一個突起的山塊。內心直覺那可能就是魏大哥口中的巨石，只是若猜錯，我們就不得不在那陡峭的山坡上露宿一晚了。

下定決心，抱著孤注一擲的心情，拉緊背包的肩帶，喘口氣，伸手抓住樹根，腳穩穩踏在露出一半的石塊上，用力一蹬，順著獸徑一鼓作氣連續爬上三十公尺高的陡坡，最後氣喘如牛地站在一處小空地。

眼前出現一座高約四公尺的石壁，石壁向內縮，形成一個窄小足以容納一至二人的空間，下方還有腐爛的棉睡袋和破鍋子，空地的外緣有石板架成的三角灶。

找到獵寮了！果不其然，就隱藏在獸徑的另一側。

「在上面，跟著水鹿的路慢慢繞過來。」我激動朝山坡下方大聲喊著，口中嘆出白白的霧氣，期待隊友聽到消息能一鼓作氣爬上來。

在等待的同時，我快速掃視這個傾斜的山壁空間：石壁邊緣上方有幾株八角金盤騰空冒出，山壁傾斜的角度巧妙遮擋上方落下的雨水。

我難掩內心的激動，脫口朝山壁用簡單的布農詞彙說出所有感謝的詞彙，謝謝山神讓我們在天黑之前順利找到石壁獵寮。我伸手觸摸石壁，想了解基質。抬頭看著巨大石壁，內心感受到一股溫暖，彷彿獵寮也在歡迎我們，眼前三角灶似乎渴望能夠再次生起火來。

無論如何，今晚一定要生火。我下定決心，穿上雨衣走進潮濕的森林，蒐集掉落的枯木。很快在附近拖回兩根被黑熊折斷的狹葉櫟樹枝，蹲在地上，快速折斷細枝，架在三角爐灶上。

要點燃淋過雨的木材，需要更多的耐心與時間。我將細枝橫放在石頭旁，用力壓實之後，小心翼翼點燃二葉松油材，聚精會神將火種輕輕推進狹窄的空間。燃燒的油材散發出濃郁的松脂燻香，微弱的火苗碰到潮濕的細材，停頓了一下才又燃燒，不久之後，白色煙霧開始從濕材之間冒出。

起先白煙不甚明顯，隨著細材逐漸點燃，煙霧形成柱狀體。我耐心添入濕柴，白煙不斷從三角灶垂直向上，堆積在石壁之間，形成一團柔軟的煙霧。

外頭東北季風持續加強威力，但此時此刻，我並不擔心生不起營火。我慢慢在營火上方堆疊更多濕柴，營火吐出白煙，薰染石壁，隨後蔓延出去，直到融進黯淡稠密的迷霧之中。微風從旁吹入營地，白煙在石壁之間不安定地游移。爲了不讓火苗熄滅，我趴近地面，緩緩將新鮮空氣吹送入火堆之中。在細雨不斷落下的冬天夜晚，我必須與火苗連成生命共同體。

當年阿公若辛苦抵達，應該也是這樣子吧？

我一邊呵護營火，一邊想像著獨自一人從部落回到山上打獵的樣貌。

營地渴望有人來生起營火使用吧？

我們今晚一定要拿出高粱祭拜，好好跟阿公喝一杯。

我從背包掏出高粱、肉乾與餅乾，擺在火旁的石板上。捻了三滴酒之後，再一次將心中所有布農族詞彙串起來，感謝祖靈的協助，讓我們平安，也解釋我們是過客，若有打擾請多包涵。

終於找到石壁獵寮了，情緒一鬆懈，疲憊感隨之湧出。那晚，我睡在火邊，半夜突然一聲有如沖天炮的吠叫，隨後傳來巨大且用力的踏步跺腳聲。一頭水鹿走近營地，我窩在睡袋之中都能感受到地面傳來牠用力跺腳的振動。我爬出睡袋，點亮頭燈照了出去，想起大哥曾經說過，這代表老人家（祖靈）送你的禮物。

我默默地感謝，同時說明這次我們無意打獵，之後便放任禮物在旁邊來回跺腳，再次沉穩入睡。

在小溪谷岩洞睡覺，意外地感覺很溫暖，而且體力已全部恢復，精神抖擻。

《山、雲與蕃人》，第一七二頁

清晨起床，山壁外面濃霧瀰漫，大樹擄獲霧氣形成露水，不斷從樹葉滴下，落在山壁邊緣。濃霧從昨夜持續至今，讓人一時無法分辨清晨與黃昏。昨晚被阿公的禮物喚醒時順手添加的木頭已經燒斷，灰燼中的紅炭隨風吹動，閃爍微弱的紅點。我撿拾數根細材放在炭上，稍稍朝火堆吹氣，沒多久火苗竄出，我放上鍋具準備煮早餐。

「睡得很舒服！你有做夢嗎？昨晚有聽到水鹿的叫聲？很靠近我們！」我問。

「是啊，我想那是老人家送我們的禮物！」以前，大哥們總是說，祭拜完，有時會夢到穿著族服的老人出現，然後祂會走到營地旁邊看一看！隨後，就會被動物的叫聲喚醒。

這代表老人送來禮物。

避風又溫暖，總讓人想多留一晚。

這營地讓人有股安心的感覺，雖然不大，但是一切都剛剛好，無論是位置、避風或方位，恰巧就是剛好。

隊友也感受到營地的照顧，等待早餐煮好之前，我們看著石壁外的天氣，低頭檢查水量，認眞估算是否足夠讓我們多待一晚？

走吧！我們還是離開吧。

前面有更多未知在等待。

第八章 Qaqatu 山谷的等待

十一月的山谷偶爾會濃霧瀰漫，霧氣從山稜降下，宛如一道眞空的屛障。我走進霧裡，靜謐的松林中，安靜到只剩下心跳聲。

東北季風持續沿著拉庫拉庫溪的峽谷緩慢進入山間，冷風挾帶濃密無雨的迷霧覆蓋整片山頭。水鹿的蹄印在泥濘的山坡上串出明顯的路跡，我低頭走在獸路上，水鹿的騷味從落葉腐植層中飄出。密不透風的白霧是今日唯一的山景，水氣凝結成透明露珠卡在蜘蛛網裡，露珠的重量把整張網拉得往下垂墜。

迷霧來襲的時刻，我正在拉庫拉庫溪的北岸溪谷之間，即便眼前是一面白牆，即便是第一次來此地，溪谷的樣貌我也都已經牢記在腦海之中。過去我無數次從對岸日治八通關越嶺古道上遠眺此處山景，看著山谷下方靛青色的溪水滯留在大理石間，雖然流水聲無法傳到如此高處，不過強烈的視覺震撼引發聯覺，一時之間，耳邊彷彿傳來陣陣流水撞擊大理石塊所發出的低沉轟隆聲響。

山徑下方的溪谷時而狹窄，塑成一條滑水道，時而變爲大石遍布的開闊河床。行走在迂迴的南岸，無時無刻都會看見溪的北岸。站在古道旁，隔著海拔落差將近一千公尺高的溪谷觀看山稜，層層疊疊的皺褶宛如近在咫尺一般。

在瓦拉米通往抱崖的路上，可以看見對岸的山勢出現劇烈變化。玉里山西側平緩的山坡，逐漸在塔洛木溪岸旁收尾，另一側阿布朗山宛如狂草般使勁一提，拔升成為陡峭的巨大山壁，森林如同青苔般勉強依附在坡面上，緊鄰著無法抵擋雨水的沖刷而崩塌的裸露地，一道道被重力剝下的白色大理石崩壁直洩百公尺，停在塔洛木溪岸上。

目光往溪的上游望去，阿布朗山西側，馬嘎剌托溪與拉庫拉庫溪匯流處就是斷崖絕壁的馬西桑山。不同於玉里山平緩的山形，拉庫拉庫溪的上游山塊陡峭，崩落、向源侵蝕在大山上扒出更多皺褶，山稜埋藏於山體之間，錯綜短小且多變。

保持距離站在溪谷的另一側，觀看著如此巨大的力量，總會產生獨立於世的抽離感。每當在山徑上休息，我總會細細品味每一道巨大崩壁。

巨大崩壁上，土塊、泥岩層與大理石層由外而內層次清晰，山的核心在終年不止的崩塌中逐漸露出。數道山壁從馬西桑山稜幾近垂直崩落到溪谷邊，輪廓立體清楚，白色帶有暗灰雜質的大理石、終年不停碎裂的碎石堆，構出一道又一道白灰色的崩溝。

在少雲的日子，當太陽越過頭頂，逐漸向西落下，金黃色的光束照射在馬西桑山前無止境的崩壁上，大理石紋路變得清楚明亮，山坳背光處卻因此更顯陰暗。光明與黑暗凸顯立體分明的山壁，在八通關古道之上，讓人有種伸手即可觸碰的錯覺。

我目光從危崖邊一棵根部裸露懸空的大樹，移到山壁的邊際，注視一塊又一塊即將崩毀的裸岩，想要分辨巨石上是否有正在移動的台灣野山羊。

曾經在古道上一處森林破空處，看見一隻熊鷹盤旋在天空中。熊鷹發現有人正在看著牠飛行，不疾不徐，輕輕拍動翅膀，在台灣杉的樹冠上隨著氣流一次再一次盤旋升高，就在升至稜線高度的瞬間，一個迴轉之後，順著氣流直直朝馬西桑山滑翔而去。我目不轉睛透過望遠鏡追逐，直到牠的身影在大山之間模糊淡去。

能夠看見鷹的飛行，總讓我感到心滿意足。老鷹振翅飛翔、捕抓氣流，盤旋其間及突如其來的俯衝，每個細微的動作都挑逗大腦想像自己成為鷹，飛在高空俯瞰森林與樹梢上的條紋松鼠。

老鷹輕柔地拍動翅膀，不用幾秒鐘時間就飛到對岸。眼前熊鷹的姿態如此輕快優雅。深山的秘密只有流水知道，而我為了尋找深山的秘密，必須背著笨笨大背包朝山裡走去。

我在筆記本寫下對於熊鷹的羨慕，如鷹一般振翅飛向拉庫拉庫溪對岸的渴望不斷盤旋在我心上。這樣的憧憬，讓豎立於眼前的山體不斷朝內心靠近。

如今，我汗流浹背，走在朝思暮想的山徑，腳踏在山豬拱痕上踩著泥濘的獸路，偶爾彈去爬上雨鞋的螞蝗。豐厚的腐植層宛如巨大的海綿，幾顆森氏櫟落在軟綿綿的苔蘚上，巨大的果實與苔蘚細小的蒴柄形成強烈對比，彷彿闖進迷你世界。

＊　＊　＊

每到冬天，中央山脈東側成爲東北季風的迎風面，大多數日子山脈都會卡在霧氣之中，多半時間是濃密的白霧。凹谷霧氣凝結，偶爾會降下細雨。森林吸飽水氣更顯深鬱，雙眼彷彿套上濾鏡。眼前的森林淡入白色迷霧之中，偶爾有稀薄的陽光隨東北季風擺盪在空中。森林依然潮濕、寒冷，沉重的背包壓得人低頭不語地行走。

我在森林中穿梭，來到稜線的邊緣，褲管被伏牛花上的水珠沾濕。凹地的山路變得親切宜人，無需刻意校對路線，放膽跟著水鹿行進的方向，一下爬回到稜上，一下又腰繞於山坡之間。

風吹動大樹，樹葉摩娑，發出海潮一般的聲音。我跟著幽幽小徑穿越山谷，充滿柳暗花明的驚喜，當然行進速度也跟攀爬阿布朗山天差地別。現在我充滿精力，觀察路徑上的蛛絲馬跡，在 Lambas 看見漂亮的紅檜大樹，背包一放，輕裝四處探訪，心情自然回到漫無拘束的狀態。

東北季風的水氣持續從遠方海上推送過來，雲霧開始在中央山脈上互相推擠，形成廣大無邊直達太平洋的白色雲海。劇烈的天氣轉變讓森林表現出另一面，外在世界的刺激會放大心靈感受，看見截然不同的自然，變差的氣候環境讓我更想提早停下腳步生起營火。

動物們應該都在躲避風的吹襲。

還是牠們不受影響？受影響的只是我的心情？

森林鬱閉，濃霧中，紅檜鑲嵌於山坡之上，每株老樹都掛滿松蘿，每一棵奇形怪狀的大樹都値得駐足停留，感受生命爲了存在而展現無與倫比的韌性。但是我卻必須不斷向前，直到抵抗不了好奇心，停在台灣蘋果旁。今年落下的青蘋果數量之多，附近的動物都來不及吃完，有些稍微腐敗的蘋果發酵散發出濃郁的香味。

我大口吸進濃濃的芬香。再待下去，搞不好會聞到酒醉。

台灣蘋果是台灣中海拔森林的薔薇科落葉喬木，老樹可長到十五至二十公尺高。果實受到許多野生動物的歡迎，善於爬樹的台灣黑熊、獼猴和飛鼠會率先享受一番新鮮成熟的蘋果，不會爬樹的水鹿、野豬則撿拾泥地上的落果。

看著青色鮮亮、微微散發蘋果香氣的果實，忍不住用力咬下一口，味蕾沾上植物鹼，立刻接收到苦澀滋味。可惜了，明明是碩大的蘋果，卻讓人類望之卻步。

上次看見這樣密集的蘋果是在大分的 qaqatu，那邊的幾棵蘋果樹每年都會結果，吸引黑熊前來覓食。

每當遇到一處特殊山景，我總會想起大分的樣貌。

記得有一年大分 qaqatu 的蘋果樹大結果，我們發現好多黑熊糞便跟熊窩。黑熊停留在蘋果樹附近，把賽山椒、瓦氏鳳尾蕨折成各種形狀的熊窩。有大有小，甚至還有五十公分左右的迷你尺寸，應該是熊崽跟在媽媽身旁折出來的小熊窩。

這幾天，我站在稜線透空處，朝向南方看見熟悉的山景。

那邊是瓦拉米的稜線，更近的這一側是多土袞十八公里處，可以打電話的地方就在草綠色的坡上。

十里平坦的階地一眼即可發現，古道依稀在山腰間，多美麗的稜線與後方突起的山頭是新康山。

從這種角度回望，感覺十分奇妙，好像很熟悉，但又帶著陌生感。

我在一片松林谷地紮營之後，想起在太平部落學習編織時，阿公一邊削藤一邊懷念年輕的狩獵生活。

在稜線碗狀的山谷是 qaqatu（在布農語中指凹地），水鹿很喜歡在裡面，以前我的獵場在那邊。

他雙眼散發獵人銳利的眼神，接著說：

從中平林道上去，太平谷再過去的 qaqatu，水鹿特別大隻。真懷念啊，現在老了，走不動。

我想起阿公的懷念，決定進入谷地尋找動物。起先跟著獸徑在森林裡尋找看見動物的機會，走累了就找一處風景優美的森林，用相機的觀景窗構建理想的畫面，想像動物的出現就是照片的最後一塊拼圖。決定構圖之後，我就盡量隱蔽，用舒服的姿勢坐下來等待。

這樣的等待時間很冗長，有時得帶著可以長時間反覆咀嚼的書籍，一邊等待，一邊看書。我不急著把書一次看完，許多章節會重複看上幾次，從中思考自己的經驗。

時間是人類文明製造出來的產物。

所有經歷等待的人都知道時間是必須打破的觀念，時間感是人類從文明社會帶到山上之後必須第一個拋棄的東西，特別當再次看著手錶才驚覺只過了五分鐘，我清楚知道自己無法枯坐兩小時等待動物出現，但是，我會告訴自己堅持下去或許就會有一頭水鹿、野豬或黑熊恰巧路過。

在等待的過程中，我會開始研究身旁的小草、飛過眼前的小蟲，嘗試聽見最遙遠的風聲，看清最遙遠的一棵樹是什麼模樣。

長時間在山中等待動物會逐步脫離時間的束縛，放下那些生活之中必須存在的固定行程、時刻表。諷刺的是，想要拋棄時間，還眞需要經歷過一些時間。爲了打破被自己攜帶上山的都市結構感，前面幾天的行程我刻意用緩慢的速度進行。只是要打破過去的習慣並不容易，入山頭幾天的話題總是離不開跟山下生活有關的思考，下山之後要怎麼大吃一頓，或牽掛著上山前尚未完成的工作，想著要不要撤退之類。

但是越往深山走去，腦中的結構感逐步重建，角色也開始切換，準備要從工作上的我、家庭中的我，轉換成眞正享受自然的我。

為了加速結構感的重建，我抓住休息空檔，遊走在每一個美麗的谷地。我高舉手上的相機，小心翼翼渡過潭水，讓大腿浸泡在冷冽的溪水中，開始感受到大腦願意邁開大步走進水潭，肌膚感受褲子由乾轉濕，隨後皮膚接觸到溪水的冰冷，感受風吹進峽谷，泡在溪水之中欣賞眼前這片古老蒼綠繽紛美麗的森林，感受到自己重新與自然接軌。

夜晚，我躺在另一處乾爽的谷地，看著滿天星斗，沒有任何聲音。另一側的水池呈現一種靜謐，時間彷彿停止。躺在溫暖的睡袋裡回想白天如何穿越箭竹叢走進鞍部，在鐵杉樹下突然看見水池露出一角，心想這就是阿波蘭水池吧。

有時候，你會突然發現自己處於非常奇特的情境中，但其實你是慢慢地，非常自然地進入那個情境。

隨著天數不斷拉長，越來越深入自然，我開始感受到身體進入清晰的狀態，感受到身體肌肉絕佳的張力，思緒清晰且感官犀利，隨時看到動物出現的瞬間。

發現自己可以突然沉入一種專注的境界，注意力能穿透雜亂無章的樹林，發現一動也不動的山羌，或躲藏在大樹之間的動物。這種並非找到動物，而是突然「看見動物就在那邊」的感應難以言喻，所以我總是期待能快速進入這種專注。

我甚至開始感覺到自己似乎可以「預先看見」，彷彿已經看見一隻水鹿擺動尾巴悠閒低頭吃草的樣貌。我分不清楚「預見」是大腦幻想出來的想像畫面，還是我在森林走動之中，意識預先植入期待的相遇場景？

我和隊友辛苦抵達阿波蘭水池之後，就決定要在這漂亮的谷地住上幾天。隔天一早起床，我想著要去尋找野生動物，迫不及待往馬霍拉斯溪方向下至台灣杉森林，跟著一群野豬走進樹林。

野豬顯然在這邊活動好多天了，將厚厚的腐植土攪得上下翻轉，新舊拱痕散亂在林下。看在我眼中，拱痕範圍雖然很廣，但是仔細推敲，豬群移動的方向其實很明確。

我謹慎跟著豬拱痕順著寬溪溝往下走，蹲在新鮮的蹄印旁，望向前方，大倒木擋住我的視線，但是……感覺彷彿再往前走幾步，我就會碰到一群悠閒的大豬小豬專注吃著滿地的大葉校櫟。

雖然痕跡都很新鮮，可是這群豬現在究竟在哪？

潮溼新鮮的腳印透露了山豬前進的方向，大小不均的蹄印顯示這是一群豬。

我認真觀察，放輕腳步，每隔一小段距離就停下來半蹲掃視森林一圈，不放過任何細節，哪怕是紅檜的樹洞都多看兩眼，看看有沒有山羊躲在裡頭。

深山竹雞在附近對唱，樹梢偶爾傳來清脆的鈴聲，那是棕面鶯的鳴叫。我抬頭看著鳥群從樹枝飛過，牠們安靜無聲，這代表自己並沒有驚擾到動物。

一定有動物在附近。大腦這樣告訴自己。

我專注地搜尋，但是似乎越刻意，專注度就越來越顯無力。森林資訊太龐雜了，我的眼睛不斷掃描，大腦不停判斷眼睛看見的各種訊息，沒多久就累了。

好吧，我必須坐一下。

我找到一片寬廣的坡地，靠著大樹躲在獸徑後面，順手撿拾掉落的枯樹枝，拿著小刀亂削，轉移過度亢奮激動的心情，但耳朵仍然保持警覺。約過了一小時之後，依然不奏效。我覺得自己似乎太過刻意，沒辦法靜下心情和森林產生共鳴。

我一時之間頭暈目眩，反省自己太過心急，懊悔自己不夠專注，明明知道動物就在眼前漂亮的森林裡面，但看來今天是沒辦法遇到動物了。

但是我又感到這樣有點可笑。此時此刻我眼前有無數足以讓人駐足讚嘆的大樹，但是我卻在懊惱自己不知道該從何開始尋找野生動物？

我或走或停在台灣杉旁，沒有按下太多快門，而是靜靜地欣賞大樹的強悍生命力。突然之間，重重的腳步聲傳來！我繃緊神經，快速看向聲音來源，同一時刻，不遠處的大樹之間出現晃動的身影，一頭公水鹿警覺地站在前方五十公尺處，躲在灌叢中伺察可疑的動物。

牠發現我，但沒看到我？

我觀察牠的動作，自問自答。

一定是這樣，公鹿一定是嗅聞到動物的氣息，不過我穿著接近大地色的服裝，只要不移動，牠就無法看見我，但牠巧妙地藏在玉山灰木後面，我也無法看清牠的全身。

我開始想辦法慢慢移動。但即便我多麼努力放輕腳步，還是傳出枯枝落葉裂開的沙沙聲，正當我懊悔的同時，大公鹿突然跺起腳。鹿在發現天敵或感到不安焦慮的時候，會緩慢來回用力踩踏前肢，一方面壯大自己的身形，另一方面也在展現力量。

洞！洞！洞！

左腳！右腳！左腳！三聲

地面傳來緩慢但扎實的踏步聲。

我停下腳步，豎起耳朵傾聽。牠在示威？

我躲在大樹後面悄悄探頭，看見牠也正在往我這方向看。

我透過樹叢縫隙看見帶著棕毛的龐大身體，目光在鹿的身體兩側游移，終於在矮灌叢間隱約看見鹿頭。牠臉上也有一塊大黑斑，瞪大雙眼，眼睛下方的眶下腺隨著呼吸一張一縮，彷彿四眼獸。頭上兩根粗壯的鹿角，尖端光亮，看來是正值壯年的大公鹿。

我躲在大樹後面，不敢大口呼吸，靜靜偷窺牠不安地低頭，抬頭，警戒著什麼。

洞！洞！

再次跺腳，兩次。突然眼前黑影開始晃動，牠轉頭要離開了。

糟糕，我必須快一點，才有機會靠近拍照。於是我豁出去，移動到一棵大樹背後，牠聽到落葉踩踏的聲音，更加不安地緊盯著我這個方向，我則趁著牠猶疑的時間，在四目相交的瞬間舉起相機，心滿意足地按下快門。

次日，又是等太陽曬暖身體之後，我才離開營地，緩慢爬上稜線，進入另一個谷地尋找動物。

這是片二葉松純林，松林下的箭竹時高時矮，獸徑四通八達。我隨意爬上一條小稜線，視野極佳，眼前是中央山脈超過三千公尺的脊梁，大水窟與秀姑巒在眼前形成壯闊的稜線，南邊則是新康山聳立一隅，寬廣的大山之後更突出的是玉山群峰，高度已將近四千公尺。

我知道在這樣少有人跡的山區，野生動物通常戒心較低，只要保持安靜，避免發出過多噪音，可能有機會遇到動物。

我安靜地行走，最後在谷地上方坐在大樹底下，用一顆鹽糖在嘴巴融掉的時間，讓微風拂過臉頰，盡量放鬆感官。在準備出動前，注意風吹來的方向，讓自己位於下風處，躲在大樹和緩坡之間。

我在寬稜上左右遊走，暖洋洋的太陽直曬，帶來一種慵懶的舒服。草坡上有不少火災過後的大白木，混著二葉松、冷杉和高山櫟，形成一圈又一圈谷地。突然我發現前方不遠有明顯下陷的地形，那是絕佳的藏身位置。

我小心翼翼靠近谷地的邊坡上緣，看見遠方山坡上有隻水鹿正在低頭緩步吃草，顯然沒有注意到我，但沒多久就散漫地走進松林。這附近肯定還有動物，而且一定沒察覺我的存在！

我順著直覺靜靜坐在邊坡上。大概又過了一根巧克力的時間，突然谷地旁邊的松林有群山雀飛了出來，一連串的警戒聲引得我和另一頭水鹿抬頭望去！水鹿被鳥聲驚擾之後，起了身又開始嚼起身邊的葉片。

正當我驚喜於眼前竟有這頭母鹿，谷地一側的二葉松樹上飛出一隻熊鷹，直射的強光讓牠隱入後方的山景，隨著光影變化，一進一出飛翔在谷地上方。

熊鷹不斷發出叫聲，盤旋，又降落回松樹上，然後又飛出，盤旋鳴叫，我想牠應該是在飛翔時看見坐在山坡上的我。只是，谷地下的水鹿仍然渾然不覺。

一時興起，我決定嘗試靠近水鹿。我盯著牠，幾個深呼吸之後，開始緩慢匍匐前進，避免發出聲音。母鹿通常會成群活動，如果只盯著眼前的母鹿，那最終一定會被附近的其他母鹿發現而宣告失敗。

我化身爲四足動物，躲在箭竹與懸鉤子叢後面，一次移動半步，走沒幾步便停下動作，仔細觀察周邊是否有其他動物。只見那頭母鹿依然低頭吃草，抬頭咀嚼，不時嗅聞空氣中的味道，但始終沒有朝我的方向看過來，這讓我更加充滿信心。

我不斷重複著壓低身體，邊注意周遭的動靜，邊從一叢草移動到另一叢，突然之間，母鹿低頭消失在箭竹間，再次出現時，前方多了一頭母鹿。

一前一後，原來還有另一隻鹿。

我被發現了嗎？只見另一頭鹿低頭吃草，並未觀望環境，看來牠們都沒有發現我。

我就像一頭準備狩獵的掠食者，壓低身體，隱藏自己的氣息，一步一步慢慢朝獵物靠近。

我在幾乎聽見水鹿拔草咀嚼的聲音之前停下，躲在草叢後方欣賞牠們的姿態，靜靜舉起相機，在母鹿從草叢抬頭的瞬間，按下幾次快門。

我脫下掠食者的躡手躡腳，放鬆緊繃的肌肉，躺在草坡上曬太陽，默默吃起巧克力棒，享受前方自在的水鹿、遠方的山景和熊鷹，決定不打擾谷地的動物們。

就這樣靜靜地來，默默地離開，彷彿我不曾出現過。

第九章　溫柔流動的營火

「今天就在這邊紮營吧。」

我手指向大樹旁一塊平坦地，甩下身後笨重的大背包，直接宣布今天的行程到此爲止。我甩一甩手臂，從背包內掏出外帳，開始架起天幕。隨後配戴山刀，拿起鋸子，開始收集生火需要的木頭。

一天行走的終曲，卻是一晚的開始。

很快營地冒出裊裊煙火。

沒多久，燒起的樹枝泛出陣陣火光。火不只療癒一日的辛勞，溫度與光線也提供舒適的對話空間。事實上，從開始準備生火，就是一種和森林對話的過程。

每一次生火都是絕無僅有的相遇。

爲了準備足夠的木柴，我牢記過去部落大哥們的教導，以營地爲中心，帶著冒險的心情，跟著獸徑在營地四周散步。我刻意走向大樹的另一側，尋找掉落地面的枯枝，一邊拎起，一邊觀察營地附近的樣貌。

我不隨意翻動長滿青苔的腐朽倒木。這樣潮濕的木頭完全不適合生火，翻動過程還會干擾棲息於腐質層中的生物環境。因此，我輕輕跨過朽木，尋找被風吹落在地，已經風乾但尚未腐敗、適合久燒的各種殼斗科植物枯枝，像是森氏櫟、鬼櫟。

雖說是收集生火所需的木頭，但實際上更像在森林散步。抬頭觀望森氏櫟，盯著蜿蜒側枝上攀附的兔腳蕨與豆蘭，期待有隻小黑熊窩在樹幹分叉的山蘇叢中。隨興低頭跟著水鹿的足印，在森氏櫟樹下繞了一圈，想像水鹿啃食滿地櫟實的模樣。有的時候，我禁不起誘惑，放下手上的枯枝，站在泥巴堆旁，仔細尋找爛泥堆是否有掉落的鹿角，端詳每一個水鹿腳印，彷彿超越時空，看到眼前出現一頭英姿挺拔的大公鹿，正在森林之間悠閒漫步。

撿拾枯木的同時抬頭觀望森林的組合，重複來回營地，肩上扛起一把又一把樹枝，讓森林樣貌隨著勞動過程進入身體記憶之中。直到今日，我偶爾還會想起過去短暫居留一晚的森林與營火樣貌。

在剛開始學習生火，還未有太多經驗時，過程總是一團混亂，緊張且擔憂。點燃手上的火種之後，慌忙放在預想的生火位置上，隨意撿拾枯枝丟向火苗，卻因爲樹枝的壓迫，導致火苗熄滅。事實上，張羅生火必須從容優雅且溫柔，一切按部就班，不疾不徐。如同炒菜前的備料，木柴最好先初步整理分類，以免生火時手忙腳亂。

爲了維持營火穩定，必須找尋適合的粗柴。過去部落大哥曾叮嚀多次，粗柴得以耐燒且能燒出紅炭的木頭爲主，不宜挑選燃燒會冒出濃煙的木頭。除非迫不得已，否則像是松科的鐵杉、二葉松樹或紅檜、扁柏木，雖然富含油脂好燃燒，但一下就燒成灰燼，因此並非生火的首選。

生火過程是環環相扣的能量傳遞流動，有足夠的細柴，才能點燃中柴，而中柴是燃起粗柴的基底。因此準備足夠的木柴，就成為生火前最重要的工作。

我把樹枝折斷，一把一把堆放在石頭上，再將粗度如手指的中柴拗斷成三十公分左右的長度，擺在另一旁。即便細柴、中柴已經準備充足，我仍然費勁將粗柴鋸成八十公分長，準備當作火架使用。唯有備妥材料，確定營火的位置之後，我才會開始生火。

我從背包拿出早上路過枯松時取得的油柴當火種。以前的獵人常以二葉松或五葉松的乾柴當火種。經驗老到的獵人會物色路邊的大松樹，通常選擇胸徑超過一人環抱的松樹，用山刀朝樹表皮削出一道切面，讓松脂流出，形成琥珀般的凝固物，等待下回經過，風乾的油脂就是最佳的油柴。

我在行走途中特別注意傾倒的二葉松枯木，樹脂會漸漸流向下側的位置，用山刀削開尚未腐爛的木頭，若有明顯琥珀色，就是現成的火種。

打火機點燃油柴，瞬間散發陣陣濃郁的松脂香氣，那是松樹殘存精油的芬香。細柴尚未燃燒時，火苗脆弱又易熄，我用手掌護著火苗，輕輕放進事先架設好的柴巢裡，低頭觀察細柴是否順利燃起。火苗接觸到枯枝後，熱能讓細枝膨脹爆裂，發出清脆的劈啪聲，隨後不久就會飄出不太明顯的白煙。

為了加速燃燒，我用一種老派的方式，壓低身體，臉朝火苗靠近，深深吸進一口氣，朝火堆吹送持續穩健的氣流。火苗嗅到新鮮氧氣，慢慢從細柴匍匐爬出。一吸一吐之間，逐漸有細絲狀的白煙流出。我順手抓起一把落葉，輕輕蓋在火堆上，火苗大口吞嚥，先是發出鬱悶的喘息，隨著我持續吹氣，火焰終於吞噬了落葉，燃起暢快的聲音。

隨著我吹進新鮮空氣的頻率，營火產生不同的呼吸節奏，火堆深處發出低吟般的聲音，伴隨不斷冒出的白色濃煙。約莫重複數分鐘，細柴逐漸燒透，燃燒的聲音轉變為更加立體的清脆的爆炸聲響，很快就冒出看似成功的營火。

只是，此時還尚未成功，徹底燃燒的細柴可能在瞬間消失。我仔細聆聽火苗的聲音，隨時餵養新的枯柴。聲音若如同悶雷，不夠通透，可能是木頭過於緊密，空間不足導致缺氧，此時得立刻挪動一些中柴。要是聲音過度空泛，則可能是細柴已經燒光，就得趕緊插入木柴。此外，火苗若碰到潮濕的木頭，會發出悶悶的聲音。

為了讓營火茁壯，我也依據營火的聲音調整吹氣的強度與頻率。沒多久，嗆鼻的白煙竄出，如雲海般蓋在營地之上，最後隨風融入霧氣，夕陽穿透煙霧，營地顯得更加魔幻。

我心滿意足地窩在火邊，欣賞煙霧千變萬化，當中柴燃起熊熊大火，營火才算穩定。

「煮飯前要先燒壺開水。」

「剛生好的火，還很不穩定，要讓火底下的紅炭足夠，不然大火煮飯到一半，火不夠了，這樣飯就會不熟。」

我煮飯前總會想起大哥的叮嚀，先在營火上放一壺水，同時調整木頭的位置，讓空氣流動更加順暢，火勢更加旺盛。有時我感覺到生火就像是男女在戀愛中的相處，想要順利生起，必須準備好各種柴料，架好細柴。一開始得小心翼翼，細柴過度擁擠會造成缺氧，火苗就會熄滅，但過度稀疏則會後繼無力，最終也會熄滅。照顧火苗就像追求心儀的對象，操之過急死纏爛打會適得其反，然而過於冷淡疏離毫無動作，也會讓機會從指尖流去。

當火種引燃細柴，瞬間熊熊燒起的火勢像極了熱戀期，經驗不足的人往往一看見火苗就以為已經成功生起營火，殊不知可能好景不常，隨著細柴燒盡，火苗瞬間消失，一切回到原點。

熱戀期一過，要維持感情除了保持適當空間，還得透過溝通。觀察營火彷彿是在與火對話。

需要加柴嗎？還是再等等？

這塊木頭太大，不適合現在就放，稍晚再放入！

補充好木柴等待暢通燃燒的空檔，我常一邊盯著營火，一邊自言自語。必須透過觀察與對話，聆聽火的聲音，尋找最佳平衡。當粗柴燒起，營火逐漸穩定，就像步入婚姻生活。

熊熊大火雖然能帶來的溫暖，但也會快速耗盡木柴，要有安穩而持久的熱能度過寒冷夜晚，靠的是營火中心的紅炭持續散發的紅外線輻射。

無論是在外顯的生火技巧上，或內隱的禪學領悟上，一氣呵成的生火都是能量快速的流動，不熟悉生火的人，一時無法看見其中運行的連結，以至於許多初次跟我爬山的夥伴總會瞪大眼睛問：「爲什麼你生火這麼快，瞬間就有營火？」

「因爲生火是與山林最溫柔的對話。不疾不徐，才能把火生起來。」

在黑暗來臨之前，我盡量不留戀營火，把握餘暉順著風勢獨自散步，在森林中遊蕩，回到稍早撿拾木頭的大樹之下，欣賞樹形，抬頭望向樹冠縫隙，尋找完美躲在樹梢縱情鳴唱的鷹鵑，端詳樹幹上新鮮的水鹿磨角痕。森氏櫟隨風搖曳，發出宛如拔地行走的聲響，我這才趕緊在天全黑之前循著營地飄散而來的煙味返回火旁。

火舌在潮濕的木頭之間爬進爬出，枯枝末梢噴出滾沸的水蒸氣，嗤嗤作響，燒紅的木柴偶爾發出爆裂聲。營火已經趨向穩定，製造出屬於光線與溫度的結構空間，只要離開數公尺，即可感受到溫度陡降，外面是冷涼的自然荒野。

當夜晚來臨，人類不得不退去對視覺的依賴。我短暫閉上眼睛，聆聽營地四周的聲音，感受屬於聽覺的森林世界。飛蛾受到篝火召喚，在火邊胡飛亂撞，拍翅發出低頻聲音。不遠處碧眼樹蛙發出清脆連續的求偶聲。稍遠高處似乎有大赤鼯鼠一邊滑翔，一邊發出嗤⋯嗤⋯嗤的急促叫聲。更遙遠的溪谷對岸，黃嘴角鴞的哨聲穿透寂靜。森林裡的生物在不同位置發出聲音，建構了一座屬於聽覺的地景世界。

傍晚的雲霧在入夜之後逐漸消退，月光穿透森林，灑在營地周邊。炊煮晚餐，療癒一日疲勞之後，關掉頭燈圍坐在營火旁邊聊天。一柱柱光線隨火舌冒出，營地在忽明忽暗之間閃爍，人的臉孔被篝火照射出立體輪廓。大家不約而同安靜凝視營火，不規律的火光舞動如同催眠，讓人短暫出神。大家默默輪著酒，等待誰先開口分享故事。

我在火邊想起林大哥說過他兒時的故事。那個時候他才國小，有一天父親到學校去，希望他能跟著上山學習打獵，不要再念書了。他一邊喝著米酒，一邊對我說起那段獵人訓練：

住在山上的獵寮，晚上哪裡有頭燈！如果要出去都是用 sang（油柴）當作火把。

爸爸會故意訓練我，叫我拿著火把，走山路去溪邊取水。那個路很陡，一不小心就會跌倒。取水很重，然後還必須很小心火把，不能熄滅，熄滅就看不見路了，所以必須很小心。

白天不苟言笑的大哥們，在夜晚米酒下肚後，彷彿變了個人似的開朗健談，一個個開啓即興的營火故事饗宴，故事看似隨興卻濃縮個人生命經驗，更是文化精華的傳承。各種故事都可能脫口而出，有時會從童年斯巴達式的嚴苛訓練開始，在一口乾下米酒後停下。

圍繞著營火分享故事，似乎就是夜晚最自然而然的事情。大家珍惜地啜飲杯中的紅標米酒，總是在喝下肚之前，自顧自說「奇怪，這米酒眞的是隨著海拔升高，越來越香甜」、「山下的米酒就是沒這麼好喝！」

當酒杯輪到我手中，我嗅了嗅米酒，確實帶著一股清香，米酒嗆鼻的味道似乎已經被荒野給稀釋。我不禁納悶山野的一口米酒爲何能讓人變得如此感性，即便原住民大哥們也是一樣，那是短暫拋棄工作、家庭，投入山野懷抱的浪漫情懷所致吧！

營火的煙霧與酒精帶來的微醺，共鳴在山林故事之中，某回已有六分醉意的大哥突然放下酒杯，抬頭看著我們，雙手高舉在前，作勢吹氣，認眞地說：「以前沒有打火機，在山上要帶著猴板凳當作火種。爬山的時候，掛在腰上，隨時注意火不能熄滅。然後到營地要很小心的拿出來吹氣，所以生火很慢，火苗都要慢慢的吹氣，把猴板凳裡面的火吹出來，再去點燃油柴。」

「大哥，要怎樣才能讓猴板凳有火維持著？」

「你要會挑，不能挑太小的。然後要慢慢放在火邊燒，火才會燒進去被保留。」

大哥抬頭看著提出疑問的我，再次重複剛剛的故事，邊說邊動作。我迫切期待能從故事中學到製作猴板凳火種的流程，但光是聽實在難以想像，恨不得手邊就有猴板凳，可以請大哥當場教學。

又有一回，大哥喝到一半，表情嚴肅告誡我們，在山上要保持虔誠的心，我們來到山上都是過客，必須尊重這片山林過去的人。過去大哥較少對我提到布農族的信仰與神鬼觀，但是還是會不經意告訴我們，經過舊部落的時候，可能會有老人家在旁邊看我們，所以必須用入山儀式告訴山神我們來訪的原因。此外，他也說在森林裡面大呼小叫會打擾

hanitu（靈），更會嚇跑野生動物，這樣就沒獵物了。

多年之後，我已經能獨自在山中行走，回憶過往從部落大哥們身上學習到的山野技能，那都帶著一種天人合一的道德感。山野技能是知識外顯的展現，融入自然運行的法則，更能理解心無僵化法則是自我解脫的隨興。

我始終認爲登山最終會學到溫柔處世。不必刻意趕路，別讓自己陷入過度緊繃、滿身是汗，避免過於急躁，放開內心的糾結，坦然遊蕩於森林之間。放開自己，對山的感情反映在行走山徑的每一步伐之中，踏出穩健的步伐，讓腳尖先感受到森林的質地，既能避免跌倒滑落，也能減少對山徑的過度踩踏及對樹根的壓迫。我在行走的過程中，不停思考如何和自己的身體溝通，也跟山溝通。

溫柔帶來從容。身體適應山徑的坡度，踏出最自然合宜的步伐，意識放鬆，便有餘裕品讀山徑上的蛛絲馬跡。在山徑被過度踩踏的地方，我能感同身受步道所受的傷害，試著以更輕柔的方式穿越。爲了讓自己能輕盈地行走，融入森林之中，我會先觀察而後動。有時看見的是動物的足印，又或許是正在盛開的玉山當歸，溫柔地從我的腳下流到山間。

越是溫柔，行走就越顯從容。我從營火的點燃體悟到登山是一道人生哲學的命題。越是急促，越無法將事情完成，這是我從布農族的山林文化中逐漸學來的。

過去我跟在許多獵人身後，持續累積山林經驗，意外在部落接觸到看似靜態的藤編，開啓我認識布農族文化的另一道窗。在跟部落阿公學習藤編之後，我感受到編織過程富含更溫柔的山林智慧。

事實上，狩獵或編織在早年都是以家族爲單位的技能。

到了現代社會，年輕人不願學習費工耗時的傳統技術，現代商品也取代傳統手作，導致織布與藤編技術隨著老年人凋零而逐漸失傳。花蓮縣卓溪鄉太平村的 Tama VaVa（余青山）是少數還在編織的布農族耆老，他感受到後繼無人，展開雙臂歡迎我們前去學習，只是學習藤編必須從登山出發。

Tama VaVa 不斷叮嚀我必須耐心學習上山取黃藤和處理藤（剖藤、削藤）的方法。他特別說，不要只會編織，編織不難，學會處理藤才算是眞正學到藤編的精神。

「藤編，不能心急。要慢慢的。慢慢的比較快。」

每次當我削藤的時候，Tama VaVa 總是會細心提醒我。

這樣溫柔的語氣提醒，不約而同從許多老獵人說出。我以在地文化爲基底，爬山的最大收穫就是縱情感受當下和森林的共鳴。當我在與火苗對話時，有著無法言語的內在體驗。自然山林是哲學思想的搖籃，過去人類將理性從自然中切割出來，事實上，最大的理性來自最深的感性。

在火旁享受熱能持續溫暖肌膚，但是天氣不好時，更能體悟生火必須讓自我進入和諧平靜的狀態，這是跳脫自我意識，觀察到一種渴望營火立即生起，但又不露形色，按部就班準備木柴的內心巧妙平衡，專注執行生火的細節。

從生火前的準備、築柴、醞釀火苗、顧火與使用，都體現了自然哲學。早期，大哥們不太願意讓我們生火，大概是累了一天，不想浪費太多時間讓我們嘗試錯誤。大隊人馬必須趕緊生好火準備晚餐。

此外，我認爲更重要的原因是，每位獵人對於火的樣貌與木頭擺設的方式都有一套從小養成的獨到掌握。

堆疊好的營火若貿然讓其他人插手，會渾身不對勁。不擅長生火的人，總會粗魯地將木頭隨意丟進火堆，可能會將好不容易生起的火苗給弄熄。

「大哥，怎麼才能生火？」

「要準備呀！平時就要準備。還有在那個火還小的時候不要急，慢慢來！」

「那怎麼樣的木頭可以生火？」

「最好是找到那個青剛櫟和殼斗科的木頭。」

「要挑，不要拿那個倒在地上爛爛的木頭。要會看，找那個枯死掉，還立著的木頭最好。」在外面撿拾木頭的時候，大哥指著我手上潮濕又腐爛的木頭說。

「大哥，這樣火可以了嗎？」

「還不行，底下還沒有紅紅的炭。」

有時大哥們會明白告訴我，但是更多時候，我只會看見大哥起身走向火旁，默默調整好營火又離開。

身處的森林環境不同，就會延伸出不同的生火條件與應對方式。我必須不停將大哥的話一字一句串起來，才能理解生火的原理。久而久之，我體悟到生火的過程同樣必須帶著溫柔才能順利完成。也因此，我一邊觀察，一邊學習溫柔地將木頭擺在營火上，溫柔地吹氣，輕輕調整木頭，讓火苗可以順勢燃燒。雖然大哥們說不出其中道理，但是從動作之間可以感受到這些都充滿物理學的道理，更重要的是避免過度消耗木頭。

「木頭要會放！不要直接把木頭放下去，要從頭開始燒。」

「爲什麼不能從中間開始燒？」

「⋯⋯⋯」

（大哥不發一語，自顧自調整好火堆上的木頭。）

多問無益，我們要做的，就是湊在一旁觀看再思考。時間久了，有一天。大哥對著我說：去把火生起來。聽到這句話，我內心激動不已。我知道這是對我的肯定，大哥已經認可我能夠充分掌握生火了。

攝影｜陳敏佳

第十章　森林密語

「我閱讀許多書籍時，對於人類學家描述的鳥占感到困惑。為什麼，出發前，鳥從獵人的右側飛，即是吉？然後，若飛在另一側，就是凶？」

我接著問：「這明明就只是機率問題，但是不只布農族，泰雅族也有類似的鳥占？」

朋友坐在一旁，不發一語聽著我說。

從古希臘最早的哲學家開始，自然一直就是人類觀察的對象。人類在探究眞實世界時，爲了解開自然之謎，進而展開形上學的思索，接續對於自然的探究，演進至近代英國哲學家柏克萊（George Berkeley）說出「存在就是被感知」。

有別於理性主義的世界，經驗主義哲學出現一項有趣的思考命題：

假如一棵樹在森林裡倒下，而沒有人在附近聽見，請問樹倒下是否有發出聲音？

這段哲學命題是以柏克萊的經驗主義爲基底，提出人類知識部分來自感官的眞實訊息，必須仰賴後天的察覺、學習與練習才能取得。不同於理性主義嘗試透過數學拆解自然世界，經驗主義理論則架構在人類對於自然的直接觀察。

人類在山川星辰的運行規律中掌握了規律，南島民族的航海家知道如何閱讀日月星辰來判定航行方向，台灣原住民族也結合當地氣候與作物生長的時程，制定傳統歲時祭儀。文化顯示了人類與環境經年累月的親密互動，當然少不了可能以口傳神話故事、生命禮俗或泛靈信仰所呈現的禁忌。

不同民族之間都存在禁忌的習俗，但「禁忌」二字是現代人直白而姑且的詮釋。若從字面解釋，會以爲禁忌如同現代社會的法律公約。然而，若僅將禁忌理解爲教條或生活公約，則又少了一些文化的深蘊，畢竟神話與禁忌都是人與自然親密互動的產物。

然而若要理解禁忌背後所代表的文化意涵，抽絲剝繭理解各個民族與其生存的自然環境產生的獨特脈絡，就會發現即使不同民族，也可能出現文化共通性。禁忌在布農族是用 **samu** 稱之，無獨有偶，居住於台灣北部山區的泰雅族則用 **gaga** 表示部落族人必須遵守的祖訓、規範。

事實上，我過去在跟隨許多獵人入山時，或在部落閒聊的過程之中，感受到即便都是泰雅族，對於 **gaga** 的詮釋也會隨著地域、部落而有些出入，同樣一件事情，不同部落可能會出現不同解釋。

我曾經想追問，爲什麼僅僅隔一座山，兩邊部落會有差異？部落的大哥並未給我明確的人類學式答案，只是搖頭說：我們這邊就是這樣遵守，另一邊跟我們不一樣。

但是，在日常生活之中，各部落都不刻意講述神話故事或禁忌，而是在聊天過程之中，不經意提到並提醒需要注意。由此可見，禁忌的故事可以深入原住民族人的日常思維，或許如同漢人敬天畏地的自然倫理。

從原住民口中的神話故事，也能窺見民族的歷史與遷移歷程，同時理解原住民族小自個人、家族、大到部落是如何面對自然環境。因此每次聽到各種故事，我總會不斷思考故事發生的特殊意涵、場域與其背後的生態意義，並且同樣也帶著尊敬自然的心情走入山中。

頭幾年，上山前採買時大哥總會提醒我，不要忘記買米酒。舉行入山儀式時，大哥會擺出豬肉和米酒。將米酒倒入杯中，約七分滿，雙手端起，開口邀請周遭舊部落的靈（山神與已故老人家）前來，並告知此行有哪些成員，還有上山的緣由、目的。

在一連串族語之後，生性寡言的大哥會退到一旁坐下，從小腰帶內拿出一顆檳榔，咬開檳榔鞘後放入口中咀嚼，同時用眼神示意下一位上前祭拜，其他人則很有默契地在一旁等候。我們按照長幼順序走向前祭告，輪到我的時候，我單腳跪下，將米酒倒入杯中，再拿起酒杯，在心中默念：

山神、老人家與此地的衆生萬物。我是郭熊，今日準備前往大分做調查，途中會經過許多老部落，用虔誠的心邀請老人家們，來此享用準備的米酒和餅乾，請保佑我們平安順利完成工作。

講完之後，必須點三滴，代表敬天敬地敬人，再啜飲一口酒杯內的米酒，代表共享。比起貿然進入，透過入山儀式，我彷彿讓自己接軌上山的頻率，內心才眞正有入山的感覺。許多登山客因爲趕時間，一到登山口就背上行囊出發，我們則經由入山儀式沉澱心情，同時在內心告知自己上了山就不要再煩惱山下事務，只需活在當下，專心走路。

祭拜時間可長可短。有的時候，我們在祭拜的尾聲就開始吃吃喝喝。部落大哥說：「不要趕路，先陪老人家喝一杯。」上山的心態，就跟待在家裡沒有兩樣。

入山前的祭拜是對於遺留山中的祖先和祖居地，所投射與山獨特的親密互動，我想也是布農族對於靈（hanitu）的身體詮釋，無法用言語來解釋。起初接觸到入山儀式，受過科學教育的我彷彿成爲人類學家，總是不停追問。

「爲什麼要入山儀式？族語要怎麼說？」

「我們原住民上山之前都會告訴老人家說要入山……」

「一定要用米酒、檳榔和香菸，不能用其他替代品？」

「因爲我們原住民……」

「爲什麼米酒拿起來要先點三滴，爲什麼要等一下？」

「因爲……」

「還不能出發嗎？」

「……」

我手上拿著筆記本，連珠砲提出各種問題，內心期待獲得標準回答，但最後大哥只是面露微笑看著我。

我剛開始走進部落的頭幾年，就像來到異世界，對於文化、族語、禁忌與神話都充滿好奇。面對我盼望的眼神、唐突的詢問，大哥們有時耐著性子搭幾句話，有時用故事解釋，不知道該如何回答或不願意回答時，就會用微笑帶過，或乾脆直接忽略。

當時我總是擔心是否過於失禮，還是問題太過於敏感？直到相處久了，才發現這是部落文化傳承與現代教育的差異。我習慣從課堂上的發問獲得標準答案，但是部落文化與技藝的傳承是透過觀察、模仿、勞動，因此很多時候用「問」是得不到答案的，必須實際勞動或參與部落生活，才能漸漸領悟。

這樣的獵人哲學，我也是跟著大哥走久了，也才逐漸明白，並慢慢拋棄凡事先開口問的本能反應，轉而先觀察、參與並自行練習，之後有機會才用自己的體會去詢問。久而久之，新朋友一同上山時，有些人急於尋找答案，宛如當年的我，大哥們總會笑著看著我說：「郭熊知道，你去問他就好。」而我也像當年的大哥們，回以默默的微笑。

＊　＊　＊

在八通關古道上行走很容易遇到鳥群，有的時候是由一種鳥類組成。在冬季的大分山區最引人注目的，就是成群的松鴉。一群又一群松鴉在樹林之間穿梭，時而在青剛櫟樹梢覓食，時而叼起地面的落果，青剛櫟季結束之後，又飛至其他地區活動。

在爬山過程，常能聽見松鴉模仿各式猛禽的叫聲，學起熊鷹更是維妙維肖，總是在樹梢隨興發出口哨般一長一急促的叫聲，彷彿在嘲笑對方，更常讓我誤以爲有熊鷹凌空滑翔，立刻抬頭尋找，最後發現是淘氣的松鴉而空歡喜一場。

鳥群也可能是不同鳥種組合而成。鳥類學家針對不同鳥種的混群現象，給了一個明確的定義：「混群是由不同的鳥種，形成一個活動、覓食的群體。」一般來說，鳥類的混群發生在秋冬季節，爲什麼要混群呢？可能是因爲外在環境轉變，像是秋冬季節氣溫降低或食物資源減少。鳥類學家認爲混群有助於提升優勢，例如集體尋找食物的效率較高，當然也有助於發現天敵。

比起松鴉總是大搖大擺來來去去，灰喉山椒鳥與各式山雀的混群就相對悄然無聲，有時要等鳥群靠近，我才驚覺自己駑鈍，趕緊趁鳥群尙未飛離，抬頭細數各種鳥類。

鳥群在山桐子之間，如音符般快速游移。我則像剛拿到樂譜的鋼琴家，立刻視譜展開即時演奏。突然飛出的可能是山紅頭、冠羽畫眉、白耳畫眉、灰喉山椒鳥、赤腹山雀……難以盡數。每一種鳥類特殊、繽紛的飛羽讓人目不暇給，簡直就像快問快答，眼睛一看見腦海就得立刻浮現鳥名，否則下一秒鳥群就會消失無蹤。

在混群之中，繡眼畫眉雖然嬌小，但是活潑且喧鬧，叫聲多元，有時響亮有時急促，常常是鳥未至聲先到，廣泛分布在台灣的中低海拔山區，或許如此，繡眼畫眉常常與其他鳥種組成混群。

體型及羽色都如此不起眼的繡眼畫眉，卻是布農族日常生活占卜的媒介，族人在從事各項行動之前，必須先觀察繡眼畫眉的行爲模式，判定是否可以執行。

繡眼畫眉的飛行動向，如果是由右往左，是凶兆；如果是左往右，是吉兆。鳴叫如果悅耳、清脆，是吉；吵雜急促，就是凶。

布農族是相信泛靈論的民族。在布農族的世界觀中，萬物皆有靈，包含人類、動植物和生活物品。靈左右了生命律動，我想這是世代居住於山中的布農族人不斷累積自然觀察，體悟到人與自然山川森林與洪水天災的深層連結，即便是嬌小的鳥類，都可能透露自然界風吹草動的特定意涵。

過去人類學家曾經採集記錄許多布農族神話，例如必須仔細觀察繡眼畫眉的飛行方向，判定凶兆或吉兆。對於鳥占，不同部落各有詮釋及見解，但無論是哪個版本，光是閱讀文字，我仍然一頭霧水，百思不得其解。爲什麼是透過鳥類行爲進行占卜？鳥的飛行究竟跟吉凶有何關係？這個問題常存在我心中，幾次詢問大哥們，也都只獲得不要追根究柢的微笑。

也因此，每次我在山中停下腳步觀賞野鳥從眼前飛過，無論是豔麗的灰喉山椒鳥，或聆聽黃腹琉璃清脆宛轉的叫聲，還是可愛逗趣的山紅頭或冠羽畫眉，腦中都會浮現鳥占的故事。但除此之外，我也只是一邊觀察鳥群的動向，讚嘆不同鳥種鮮豔的羽色，如果剛好不趕時間，就順便記錄混群鳥的組成，不同鳥種的數量比例、公母，再仔細觀察牠們是否在覓食、覓食的樹種，有沒有什麼奇特的行爲？

有的時候，是我先發現鳥群，然而更多時候是粗心大意的我驚動了鳥群。率先看見我的鳥立刻發出急促的警戒鳴叫，緊接宛如連鎖效應，其他鳥也發出不安的警戒。

唧、唧……唧、唧、唧。

唧、唧……唧、唧、唧。

唧、唧……唧、唧、唧。

我循著警戒聲抬頭看去，發現因爲我的動作而受到驚嚇的鳥群中，繡眼畫眉焦躁地在枝條末梢快速左右跳動，邊發出警戒。

我站在樹下，默默觀察鳥群反應。突然聽見山坡另一處也有鳥群發出急促的唧、唧……唧、唧、唧。

難道這是兩邊的鳥群在互相示警？遠方那群鳥雖然沒被我嚇到，但是因為聽到這群鳥發出的警戒，本能地一起鳴叫？

我急忙在筆記本記錄下這不確定的猜測。

其實，我不只在鳥類發現類似的連動反應，山羌貌似也會這樣相助。山羌約莫米克斯犬的大小，是台灣體型最嬌小的鹿科動物。不同於壯碩的水鹿，山羌抵抗掠食者的能力似乎較弱，或許如此，山羌生性機警，只要有任何風吹草動，立刻拔腿飛奔。

然而，在午後晨間，常有此起彼落的山羌叫聲迴盪在山谷之中。如此嬌小的身形卻敢發出不成比例的吠叫，令人十分不解。

山羌叫這麼大聲，難道不怕被掠食者發現？

研究鹿科動物的動物學家對於山羌的巨大叫聲提出了幾種假說，包含山羌由於居住在茂密森林，爲了和同伴溝通必須大聲吠叫。此外，大聲吠叫或許就是山羌嚇走敵人的武器，當然也不排除是共同抵禦天敵的示警行爲。

我曾在多次爬山過程中，一不小心驚嚇到躲在草叢內休息的山羌，只見草叢一陣騷動，一隻公羌竄出，只顧著逃命，來不及吠叫就翹著白色尾巴飛奔逃離。

但是若山羌在一段距離之外發現附近有人類，肯定會奮力吠叫，叫聲環繞在森林，就像在提醒我：我發現你了，不要想對我怎樣。不遠處也會立刻有其他山羌回應，山谷之間宛如有警報器被觸動，鳥群也開始鼓譟起來，徒留我一陣尷尬，自言自語說：「我也沒有想對你怎樣！」這樣的警報約莫幾分鐘之後才會逐漸平息。

森林之中的野生動物似乎會透過聲音互相示警？

鳥群非常敏感，有的時候，我行走間不小心踢落石頭，也會驚動附近的鳥群，迅速發出一連串的鳴叫。這樣慢慢觀察，突然之間，我好像摸索出一點連結，但是還無法歸納出動物世界彼此之間的連動。

直到有天，我在部落遇到一位朋友，無意間談起這樣的觀察經驗，我想要知道他是否也察覺到類似的狀況。「關於鳥占的故事，我有可以分享的經驗。」朋友聽完話之後，慢慢對著我說：

有次我坐在一個視野極佳的山稜上，放鬆休息，欣賞風景。突然聽見遠方的山壁傳來落石坍方的聲響，於是我順勢望向聲音的方向，聆聽著石頭滾落的聲音，突然聽到崩塌聲響來源附近有山羌的吠叫聲。隨後，又有另一隻山羌，貌似在互相警告……說也神奇，從崩塌聲響開始，聲音宛如漣漪般擴散出去，野生動物好像正在彼此警告有崩塌發生。這種聲音的傳遞，好像正在警告彼此，山林有了變化。我想以前山裡的人，應該觀察到動物會這樣傳遞訊息，所以可以判定自然環境的狀況。我猜想鳥占，也許就是這樣因應而生的禁忌文化。

朋友緩緩分享這樣的觀察經驗。突然之間，我對鳥占的故事有了另一層的解讀。原來過去我從各式文化研究報告中閱讀到人類學家採集的文字敘述，卻缺乏足夠的山林生活經驗，以至於無法理解鳥占背後的山林生活樣貌，因而認爲那是無稽之談，但是山裡的老人家日復一日在做自然觀察，因此能夠注意到鳥群警戒的鳴叫，與可能的訊息漣漪。

看來，動物向彼此示警，似乎也提醒世代居住於山中的人，必須注意可能隨時出現的天災與變化。從前的山林中沒有任何現代的科技或資訊輔助，爲求生存，無論如何都需要仔細觀察自然界的動向。

狩獵前經由仔細觀察鳥的行爲，去察覺山林變化，也許久而久之，鳥占的禁忌就因此產生。透過觀察鳥群的活動，我似乎可以沾染到先人對於山林訊息的某些預見。

既然如此，鳥群的示警一定是有不安的擾動來源？或許人類學家記錄鳥占的描述，並未寫出口述者背後對於自然觀察與覺知的共鳴關係，文字僅能記錄口述者描繪鳥類飛行的方向、叫聲。若能察覺動物之間的共鳴，或許看待自然會有另一種截然不同感受。

我內心這樣想著。只要善用察覺鳥類的行爲，是否就能找到其他野生動物？

攝影｜白欽源

第十一章　熊、檜木與布農族

美奈田主山在部落被稱為Minataz，意思是曾經有一場大風雪，凍死了來此地狩獵的獵人。這樣的故事，其實是老人在告誡後代子孫，如遇到惡劣天氣，不宜移動，必須停留在安全地方，等待放晴。

我們所在的這個部落叫做巴喜告部落，目前主要居住的族群是布農族為主，但是巴喜告不是布農族語，是卑南族語，過去其實是卑南族的傳統領域，那為什麼布農族會住在卑南族的傳統領域上呢？

上山前，我們坐在Katu老師家外的涼亭，這裡號稱「外本鹿國際會議中心」，既是行動教室，也是霍松安家族的會議空間，坐在裡面，轉頭就能看見一旁的苧麻田，不遠的山上升起裊裊輕煙。

部落的上午沒有太多噪音，偶爾傳來幾聲山羌叫。

涼亭唯一的牆上，掛著今年從壽帶回來的內本鹿十二年旗幟。每年冬天，霍松安家族都會返回鹿野溪上游的舊部落，領隊帶上新旗，掛在壽駐在所的升旗台上，並將前一年的旗幟帶下山。我看著褪色旗幟上回家成員的簽名。

桃源村就在鹿野溪的河階地上，上游是聳立的山壁，過去，峽谷天險阻擋了國家組織的介入，因此內本鹿被稱爲地圖遺失的一塊。最終，如同其他原住民族一樣，內本鹿的族人也不敵時代的巨浪，族人被強遷到平地，僅剩下老人家口中的故事，讓人想像曾經壯闊的部落樣貌。

Katu 是高中的歷史教師，除了在課堂傳遞知識，也調查布農族的歷史資料。我們在入山前聽他分享布農族長達百年的遷移故事。他一邊說明美奈田主山的地名由來，口氣溫柔，話鋒一轉，卻犀利地拋出許多我們習以爲常的事物，試著鬆動我們的認知框架。

「鄭成功根本沒來過台東，爲什麼一個布農族部落要叫延平鄉？」

他用布農族最擅長的口述方式，講起內本鹿事件，脈絡化地梳理錯綜複雜的族群關係，同時不忘解釋東部許多鄉鎮村落的地名，像是延平、三民、中正……都是中國式的思維結構，不僅缺乏與在地文化的連結，更可以說是跟在地毫無感情連結的殖民政權。

住在大崙溪上游的拉馬達星星，可以說是布農族的梟雄。他串連中央山脈兩側的布農部落……成為日本人眼中釘，因此台東的理番政策針對他做出許多策略，不過都無法阻止他，布農族是家族血盟散居在中央山脈，所以從拉庫拉庫溪、大崙溪、荖濃溪、鹿野溪都有他的身影，不僅參與也策動出草……

我一邊聽著故事，意識乘著溫熱的微風，懷念起在部落中第一次宿醉的經歷。當時我們正在進行黑熊的分布調查工作，準備從關東松山縱走到轆轆溫泉，不過來到部落，才得知連續豪雨沖垮林道。大家坐在遮雨棚下，愁眉苦臉，看著戶外的大雨。可能是爲了安慰我們吧，大哥臨時起意，開著車，帶我們拜訪鄰居，一方面打發時間，二方面讓我們有機會訪談獵人。

我們在豪大雨中濕漉漉地走進客廳，主人立刻端出一鍋山肉熱湯，還有白飯配上炒蝸牛肉，不過桌上的飲料清一色都是紅標米酒。訪談之前總得輪上幾杯，三天兩夜的訪談中，我似乎沒有眞正清醒過。

印象中在酒酣耳熱的談天過程，迷迷糊糊聽見有人介紹回家行動，但是，沒過多久，我就不勝酒力，倒得不醒人事。事隔十年，內本鹿的回家行動仍持續進行，Katu、Dahu一肩扛起傳遞文化的角色，不僅傳給年輕的族人，也透過行動教室向外人分享布農族的傳統文化與回家行動的目的與意義。

你如何看山，山就回應你所期待的樣貌。

爬山的過程中，我腦海有時會浮現出這句話。

我怎麼看山，又用什麼心態爬山？這些都會影響我所感知到的山。我的登山觀受到原住民文化的影響，這讓我對於山有了「家」的想像。現代人眼中的山，和原住民眼中的山，如同光譜的兩個極端。

還未體驗原住民的山林文化時，我登山的每一環節都需要縝密的規劃，從行程計畫、天數、每日的營地、水源、糧食，直到嚴謹的打包，此外還得練習繩索、地圖判位、迷途、野外求生知識……

扎實的大學山社登山訓練，讓我執著於利用地圖進行判位，對於山的認識，局限於紙本地圖的座標系統（X、Y、H），登山過程反覆使用GPS，不停校正海拔高度，再三確認所在的位置座標。

當我初次跟獵人爬山，便強烈感受到原住民自成一格的登山節奏。哪邊有水源、哪邊適合過夜、如何在森林裡抓準方向……獵人自有一套觀察山林的邏輯。

> **從大石頭的左邊過去，然後跟著動物的路走。**
>
> **碰到那棵三個人環抱的紅檜之後，要記得靠稜線的邊邊走，然後仔細看，邊坡有水鹿的腳印，跟著走就能下到溪谷。**

行走時，獵人教導我用明顯的地景與跡象去記住獵路。休息的時刻，則是訴說每個地方的族語名稱，以及此地發生的故事。這種獵人的節奏看似隨興，不同於行軍式的登山模式，但是卻含有細膩且特殊的地理資訊與山林情感，顯示文化與地景的共生關係。

當我一邊聽著地方的故事，理解到山對於布農族人來說，不僅僅只是空間的向量座標，更蘊含時間軸線。我快速在筆記本上記下這些體悟。

（X、Y、H &「T」），因為山是生活的場域，包含文化事件脈絡、傳統智慧、族群的遷移故事、情感與野生動植物的生態樣貌，這些結合而成的在地部落版地理資訊網絡。

原住民對於山的感知與詮釋，可以細分爲民族科學（Ethnoscience）的各種學門。在一九九〇年代，台灣開始有學者嘗試用「部落地圖」的概念，去建構每支族群的文化、生態和傳統智慧。我則是期待所謂「登山」，不僅只是登上山頂，而是包含每一次與山裡的人、野生動物和眾生萬物相遇的故事。

有位布農族長輩曾笑著對我說：「山頂我們沒事不會過去，那邊是禁忌的地方。」他接著說：「對你們來說，這是在登山。但是，對我來說，你所謂的登山，就像是我走進家裡一樣。」

山是家的延伸，走入山就像走到廚房打開冰箱拿出菜一樣。這聽起來很特別。我在登山必須轉換角色、場域與心態，但是對於族人而言，山是家，因此同樣是入山，思維、心態卻有不同。因此，若有機會跟著族人回家，我總會格外開心。正因如此，是否登上美奈田山，根本不是此行的重點。我更期待用雙腳走進布農族過去的生活領域，認識部落的遷移史、族人如何以實際行動再造文化，感受布農族的山林智慧。

離開 **Katu** 家之後，小發財車搖搖晃晃抵達延平林道盡頭，車停在下陷的凹地前。**Dahu** 帶領我們進行入山儀式。在儀式的過程之中，我特別留意到幾隻白紋鳳蝶和青帶鳳蝶在一旁穿梭，停在陽光照射的冇骨消上，其中一隻白紋鳳蝶優雅滑過咬人貓，停在潮濕的泥地上，又立刻飛上另一叢冇骨消。另一側，有隻大娟斑蝶在華八仙樹叢附近若隱若現。我想看清楚牠的翅膀是否有人爲的標注數字。如同紫斑蝶，大娟斑蝶會長距離遷移，過去就有人發現一隻在日本被標放的大娟斑蝶。

林道乍然停止，道路幾乎被森林淹沒，偶爾露出幾處曝曬的地方，路面覆蓋茂密的芒草，山坡上的短尾葉石櫟被豔陽直射，革質的葉面過曝的亮塊隨風閃爍，許多小蟲在枝條空隙間飛進飛出，估計是鞘翅目的昆蟲。相比之下，更引人注目的是幾隻體型碩大、優雅飛在樹梢的鳳蝶。

樹蔭下溫度宜人，只要不急著趕路，心就能感受到森林的悠閒。路邊總會有小溪流淌，沁涼溪水流動，看了就想停下腳步，小憩半刻。**Katu** 老師看穿大家的渴望，適時開口，分享布農族的神話故事：

你們知道中央山脈的南一段，有一座百岳叫海諾南山嗎？另一座叫馬西巴秀山？

其實海諾南、馬西巴秀都是布農話。海諾南是赤楊的意思。

他身體微微靠向一旁的赤楊木。

赤楊是重要的先驅植物，同樣跟布農族的傳統生活緊密依存。以前族人利用焚耕開墾土地，當土地逐漸失去地力，就會尋找新的耕地，此時，荒廢的耕地會長出赤楊。

赤楊生長快速，可以穩固水土，恢復地力，同時也是最棒的生火木頭，如果上山碰到下雨，只要找到赤楊樹，就不怕沒有營火。即使是用活的赤楊木，也容易燃燒。

Katu 笑著繼續說：

其實海諾南是會走路的樹人。從前，老人家可以跟大地萬物溝通，只要家裡沒有木頭，就對著窗外，大喊「海諾南，沒有木頭了」。赤楊聽到呼喚，緩緩走進家中，然後抖動身體，枯枝就掉落在地上，因此無需辛苦蒐集木材。

他邊講邊擺出大樹走路的姿勢。一旁的人聽得出神，涼風吹得樹枝微微搖晃，彷彿聽見族人呼喚，準備抬起腳步朝我們走來。這片土地上的每個角落、每株植物、每隻動物，都有特殊的稱呼與意義。

我們不停向山上走去，拂過臉頰的微風越來越涼爽，氣溫隨海拔升高，陽光帶來的熱氣隨之下降。我意識到森林開始改變了。林道前段屬於低海拔森林，主要是樟科、榕屬的植物，同時混雜許多相思樹、白匏子與油桐。遠方高處則看得出有些針葉樹，可能是鐵杉、雲杉、少許紅檜。隨著先驅植物退去，林道由淺綠進入蒼鬱的深綠世界，彷彿單眼看進萬花筒，森林是各種綠融成綿密的海。

林道兩側的森林以時速四公里的步伐後退。當我們爬到海拔二千公尺，樟科植物開始失去樹冠層的優勢，櫟樹用力伸展的枝條成爲山蘇的公寓。

鞍部是溪流的源頭，即使非雨季，仍是一片 dauldaul（溼地）。平緩的谷地是野生動物的遊樂場，順著水鹿的腳印找到隱蔽的鞍部入口，就會進入開闊的殼斗森林。在雲霧中，潮溼的水氣讓森林的輪廓更加立體。我們走進上部櫟林的世界，狹葉櫟、鬼櫟、森氏櫟或大葉柯成爲森林的主幹。

我停在沼澤旁，仔細看著動物的足印。森氏櫟上有水鹿磨角的痕跡，另一棵櫟樹上還有黑熊爬樹的抓痕。

這棵樹上的黑熊抓痕，寬度不太一樣？

這邊比較窄，形狀呈現倒三角形，因為熊出力向上爬，所以指頭用力摳。

另一邊，一道長長的痕跡，那是黑熊下樹的時候，直接滑下來的。

這邊！這邊！這頭熊爬到一半，滑了一下，所以這摳痕有點長。

看著眼前的各種痕跡，我開始興奮地在內心自問自答。有時，大腦會揣摩動物的行走姿態。有時，我會提醒自己不要急躁破壞現場。

等等，靠近爛泥灘前要先觀察一下。

比較寬的腳印是山豬，就像筊杯形狀啦。旁邊差不多大、形狀像是烏魚子的是山羊。這個比較小，有點像水滴的是山羌。

這個山羌蹄印的形狀，有點不對稱。應該是牠朝左邊跑去，所以施壓在地上的力量不平均所造成。

隨處可見的動物痕跡，讓我不時停下腳步仔細觀察，推敲動物的行為，利用想像力建構野生動物活動的樣貌。對我而言，透過跟布農族人的民俗動物學，去理解該民族的文化觀點與山林智慧是很重要的學習，因此我仔細聽著 **Katu** 老師講解老人如何觀察野生動物、怎麼狩獵。他說：厲害的獵人，可以從山豬的拱痕的寬度，判斷一隻山豬有多大，然後仔細找到山豬的獸路去放陷阱。而我僅僅分享自然觀察的經驗。

一回神，不知何時，從山腳下部落順著稜線吹往山裡的熱風，碰上高山冰涼的冷空氣，瞬間凝結成有形的雲霧，隨風滑入樹梢，在有形之間分散聚集。藍天偶爾露出，隨後又消失於雲霧之中。一朵朵雲集結成大片的雲海，在風的持續吹動下，宛如翻滾拍岸的浪潮，終年如一日。

海拔兩千公尺正好在雲霧之中，這裡是世界罕見的亞熱帶高山迷霧森林。每到午後，湧現的雲霧遮蔽了陽光，大樹為了爭取少許日照，不斷向天空發展，成就台灣樹冠層最高的森林。潮溼的水氣也讓森林更加多樣，霧氣穿過大樹上兔腳蕨的羽狀複葉，凝結成細小水珠，滑落在蜘蛛網上。台灣崖爬籐、大枝掛繡球由下而上盤旋於樹幹。樹下也不遑多讓，鐵角蕨、瘤足蕨、稀子蕨爭先恐後生長，它們是特殊的霧林子民。

無路的森林令人雀躍。目光所及，發現一群躲過林業開發的珍貴千年大樹，靜靜生長在陡峭的溪溝附近。這是古老的檜木森林，處處是超過六人才能環抱的大紅檜，超過三十公尺高，任何大樹都無法與之相比。

「這樣的檜木林正好是布農族人的傳統領域。我們站立於巨大紅檜森林之下。郭熊，你應該聽過布農族的黑熊故事？」

「黑熊的故事？有呀！我聽過。」

「布農族有不少黑熊的故事，而這故事在部落的版本是這樣的。」Katu 老師認真講起故事，有時忽然大聲講了幾句族語，彷彿正在飲酒作樂，突然身體一歪，模仿酒醉的樣子，有時看著眼前的大紅檜，彷彿眼前出現一條通往部落的道路。

在遙遠的年代，曾經有一對夫妻到鄰近部落去拜訪，然後，因為太開心，喝醉酒忘了返家時間，以至於回家途中，天色已經昏暗。丈夫就對著太太說：「今天太晚，我也喝太醉了。你先回家，我明天酒醒之後自己會回去。」由於這是一條常走的山路，妻子覺得放丈夫獨自一人應該沒問題，於是就先回家了。

然而隔天，丈夫並未如時返家，緊張的妻子拜託部落族人出門尋找。只是，怎麼找都找不到！直到幾天之後，族人在山裡聽見一棵檜木樹上傳來微弱的人聲在呼喚，仔細尋找，看見有人正在樹梢上求救，竟然就是那名失蹤多日的丈夫。

「你是怎麼爬到這麼高的樹上？然後又下不來呢？」男子平安脫困之後，免不了被族人詢問。

「當天晚上我喝醉，到了半夜感覺有人朝我走來，隨後我就被攙扶起身，然後就是早上酒醒，發現自己竟然在大樹上！然後，竟然是在熊窩裡面，旁邊有兩隻小黑熊，我很驚嚇，但也只能裝死。沒想到，過沒多久，母熊回來！竟然朝著我方向對小熊說這是獵物，並解釋如何肢解各個部位。我一聽，以為自己死定了，沒想到母熊講完之後就下了樹，幾天沒回來。中間我肚子餓了，就把小熊殺來吃，然後就幸運被你們發現。」

「有呀，這個神話故事，我聽林大哥說過，只是內容不太一樣。」聽完，我回答 Katu 老師。

「那你有注意到這故事的許多線索嗎？例如布農族人過去生活在山上，有紅檜、扁柏的森林，當然也有台灣黑熊，而且部落和部落之間的關係很親密，道路系統也很發達……雖然故事常常被誇大、神化，但是許多細節都反映了布農族的生活模樣、傳統智慧，還有如何在山林環境之中與野生動物互動。」

對於神話故事背後的文化意義與山林背景，確實我不曾細想，然而當站在巨大紅檜樹下，一邊聽著故事，一邊想像上世紀布農族人在山林裡面生活的樣貌，更加難以言喻地感動，彷彿自己走進時光隧道，隨時都會遇到打赤腳、穿著傳統服裝，手提獵槍的族人從旁呼嘯而過。

我們在美奈田的寬稜尋找一棵又一棵紅檜，有的時候是吆喝大家一起手拉手丈量大樹的胸圍，又或許靜靜坐在巨大的基部，仰望大樹的模樣。而我想著黑熊的神話故事，邊走邊看，期待能找到黑熊留下的足跡。

漫步在偌大的檜木林之中，突然有棵從基部就一分爲二的大紅檜吸引大家的注意，原來邊坡上的樹幹下有個小小的洞，加上有落葉覆蓋，就更加不起眼。洞口狹窄，僅僅能讓人趴著側身下去。

要不要進去？

萬一進得去出不來！卡在深山的大樹洞中，這會是多麼恐怖的事情？

洞裡面應該沒有熊吧？你幹嘛怕熊？你不是研究黑熊的人？

一時之間，大腦突然浮出許多山老鼠爲了採牛樟芝而鑽進牛樟樹洞，卻出不來，最後被人發現時僅剩白骨的驚悚故事。

呸呸呸，應該沒這麼不幸。只是萬一真的卡在洞裡，最後只能求救，這樣也是超級糗啊！

內心不斷上演各種小劇場。

但總有一股聲音警告著：你不嘗試看看，會後悔。

最後還是不敵好奇心，戴起頭燈，深呼吸，平復一下緊張的心情，縮小腹，放膽鑽進洞裡。爲了不讓自己卡住，我採取頭上腳下的保守姿勢，慢慢擠進樹洞內。起先要不時挪動身體，去適應樹根的生長方向。越往下爬，發現樹洞竟然比想像來得深，且越深入空間越來越大。

此時，我必須完全依靠頭燈照明。洞口在我頭頂上方兩公尺，我已經深入大紅檜的內部，爬一爬，腳突然碰到樹壁，人已經到達樹幹的核心。

燈光照亮樹洞，忽明忽暗，這才發現別有洞天！樹洞很開闊，我竟然可以站立。抬頭往上望，中空的樹幹隱約有火燒過，焦黑的痕跡直達樹梢。

站在樹心的感受無法以言語形容，彷彿突然走進太空看見浩瀚的宇宙。

我想像著大樹壯碩的外觀，再看著眼前的景觀，兩者內外合一成千年大紅檜。樹洞內異常乾燥，並無腐敗味。原本僅想下來一探究竟，看幾眼就要爬出去的緊張感消失，心中不知何時冒出幾絲安全感。

就在呼吸和緩之後，一個低頭，燈光一閃，突然之間，我在樹幹上看到了一道再熟悉也不過的抓痕！

這是台灣黑熊的抓痕，雖然不太明顯。黑熊的爪子在攀爬時常會留下三至五道平行的刮痕，而眼前的抓痕就是如此。這竟然是黑熊住過的樹洞！

心情突然暢快起來。雖然爪痕有點老舊了，但是我還是張大眼睛搜尋其他熊跡。

喝醉的丈夫是被熊給帶上樹，而我竟然自投羅網。我該擔心黑熊回來嗎？

過往台灣的研究，都未曾記錄過母黑熊會利用何種自然環境產仔。雖然聽許多獵人說過，台灣中海拔的檜木森林裡，紅檜容易形成中空樹洞，母熊會利用樹洞照顧小熊。但是台灣黑熊的族群數量過於稀少，且檜木林在大量砍伐後也幾乎都消失了，很難有機會驗證這樣的傳說。

內本鹿山區也曾被排入伐木作業，延平林道深入鹿野溪的核心，然而是否因爲美奈田主山地勢陡峭，不利於伐木，或是因保育意識抬頭而躲過林業開發的命運，因而意外保存這片檜木森林，我不得而知。

我關掉頭燈，平復發現熊爪痕的激動，嗅聞一下樹皮，坐在地上，回想剛剛我擁抱著大樹，但爬入樹中後，如今正被大樹所懷抱。

我眞的成爲回到家的黑熊，感覺自己正被大樹包容與接納。樹洞內紅檜的香味也許眞能令人放鬆。我忘記緊張，忘記時間，滿足地待在紅檜大樹裡，抓起一把地上的泥巴，仔細檢查是否有熊毛遺留，探頭搜尋其他熊爪印，累了就像隻熊一般，直接依靠樹根休息，不知不覺有了想睡在樹裡的念頭。

就這樣不知道過了多久，我才心滿意足爬出來。內心無限的感謝，感謝美奈田主山的森林，感謝布農族的分享，這是一片美好的森林，與全新的檜木與黑熊經驗！

第十二章　祖靈的禮物

在冬季的某段時間，我總是期待自己能暫時離開工作，跟著部落的夥伴，一同返回中央山脈古老河階之上的老家。我一直感覺登山隊伍有族人的陪伴，旅程就變得溫暖且帶著安全感，當登山的目標是走回山裡的老家，興奮之情是難以用言語表達的。回家的意義是在走入山裡的當下產生情緒。跟隨族人入山，就開始用走路認識家的輪廓與樣貌，尋根不只是走到地圖所標示的座標上，更是在行走過程中與山產生共鳴。

最初爲什麼要跟著部落的人回家？是出自於對登山的狂熱，對於歷史的追尋，或是在追求認識原住民文化多元性的另一種可能？無論原因爲何，我跟隨族人行動，最後都會因爲眞實走進山裡的家，與族人開心見面噓寒問暖、交換資訊之外，更能感受到自己正在用雙腳尋找自我認同的過程，尋根給我走出新的歷史視野，每一次見面的談話都能觸發我的許多反思。

語言必須伴隨著環境才有意義，否則語言、文化就是死的。

你看，像是我要調整火。但是如果你沒有在山林生活的經驗，你怎知道調整營火背後所需要的技術，所以「調整營火」在山林裡用布農語說出就有了意義。

Tama Nabu 坐在火邊，看著篝火脫口說出這段話。他接著說：「我的媽媽當年遷離老家是這麼的突然，我們都在學習。學習不要忘記過去的樣貌。」

年輕人上前把燒斷滾落的赤楊木重新架在營火旁，只見他熟練地將燃燒的那一側推向營火中心，炙紅的炭火瞬間迸出火星，隨風飄動在黑暗之中。

你知道山上的家被燒過兩次，一次是日本人集團移住，當時我們在山上的生活是這麼富裕，有山、有小米、有獵物，但是當集團移住，來不及帶下山的都被火燒掉，這是多麼的浪費。

第二次就是林務局錯誤的造林政策。他們認為自然林是不具有價值的雜木林，一把火燒掉家屋附近的自然林，用舊部落當作苗圃，於是就成為你現在看到的樣貌，這是多麼的可惜。

布農族曾經在山上過著富裕的生活，而不是在山下當板模工、協作或酒鬼。

Tama Nabu 對著我不斷訴說原住民所經歷的不公義，也解釋爲什麼認識自己民族的傳統領域是如此重要，這樣的對談也不同於過去大哥們的分享。他在三十幾歲開始探索山上的老家，如今已經超過二十年。這段時間他不停站在原住民族社會運動的前端，但也不忘徒步回到山上的石板屋老家。歲月如梭，今日的他是以「阿公」的身分帶領回家行動。

日本人前來台灣也才一百多年，不過三、四代人的時間，可以想像許多族人都還未能從傳統山林文化與國家政權的撞擊中喘過氣來。Tama Nabu 提出傳統領域與文化主體性的反思是非常不簡單的。年輕族人願意上山，都代表了希望。

從 Tama Nabu 身上我能感受到人跟山的連結是如此之深邃，也想到自己跟著部落的大哥們走入山裡之後，就被這塊土地複雜的故事與情感深深吸引，我開始思考自己與山的關係究竟爲何。

在一座山行走，可以是很單純的登頂或走過，然而山裡面隱藏著豐富的故事，人在山裡生活產生了情感，我想布農族跟山會有如此深刻的關係，或許是歷代先人在此地活動的足跡，同時也蘊含族人因大時代來臨，面對集團移住與山下的種種壓迫，在現代社會中產生的對山感性的懷念，每一趟上山都能感受到過去祖先在山裡生活的樣貌。

夜晚逐漸下降的氣溫與黑暗將人往火邊推近，大家肩並肩依偎，聽著 Tama Nabu 講起從前的故事，在拿到酒杯時發言，任憑煙燻至眼淚泛出，也不太願意離開火旁。

沒人點亮頭燈。我坐在營火的另一側，**Tama Nabu** 的身影隨著火光忽明忽暗。難得在山上遇到回家主隊，可惜只能匆忙相聚一晚，明天起床我們就得朝山下的家前進。

傍晚伴隨冷風瀰漫於松林之間的霧氣此時沉降在更低海拔，形成雲海。山徑的前三十九公里都蜿蜒在潮濕的山腰之間，有咬人貓與芒草叢擋道，直到海拔逐漸升高，轉爲乾燥的松針造林。三十九公里處由於有良好的視野，被稱爲見晴灣。

很多時候，霧與雨在此交際，通過見晴灣之後天氣轉爲藍天白雲，運氣好還能看見山下的市區。四十二公里處是見晴灣之後理想的營地位置，不同於較低海拔的潮濕又多螞蝗，乾燥舒適的松針林讓人有重新解放的愉悅感。

營地的夜晚氣溫極低，每一口呼吸都冒出白煙，抬頭看見月光在松樹之間若隱若現，從松樹倒塌處隱約看見星星閃耀於夜空。這會是充滿故事的滿月之夜，隨後我低下頭，將身體與手指湊近火邊取暖。

話題在享受營火溫暖與輪杯之間斷斷續續，突然一名青年從外頭快走回來，一邊用興奮的氣音急迫喊著：「**Hangvang**（水鹿），**hangvang**，有水鹿！我剛去上廁所，在林道之上看見水鹿的眼睛。」他刻意壓低音量，擔心會驚擾到不遠處的水鹿。「**Hangvang**，公的！很大隻。」

靜謐的營地突然鼓譟了起來，幾名年輕人點亮頭燈，離開火邊，迅速整裝。有人把山刀佩戴在腰間，有人檢查獵槍，還有人將背包底下的麻布袋塞在鋁架背包的彈力繩下。沒人大聲喊叫張揚。火光將年輕人來回奔走的影子投影在樹間，場面彷彿野戰突擊隊出擊一般。

Tama Husung 走到兒子旁邊，用族語交代幾句話，又回到火邊坐下。所有人似乎都被緊張興奮又肅殺的氣息給感染，只有長者習以爲常地欣賞年輕人快速整裝。

這是一群十幾、二十多歲的年輕人，平時從事各種工作，有人是板模工、有人大學畢業在台南上班，最年輕的人還帶著英文課本上來準備高中會考，但是他們都願意用將近一個月的時間入山回到過去曾祖父母的家。

沒幾分鐘，年輕人一個接一個走入黑暗。不遠處隨時可能有槍聲響起，但是營地安靜到只剩木材燃燒的劈啪聲。長輩們習以爲常，我看著年輕人走出營地，感受到尋根唯有伴隨狩獵行動才能對山的空間產生強烈的覺知。山是我們的根，這樣生活才有意義。

「拿你可以背負的重量。如果你可以背負三隻水鹿，那就是你可以拿取的數量。如果多拿卻背不動，那就不行。」Tama Husung 解釋著他向年輕人叮嚀的狩獵規範，隨後從口袋掏出無線電，我們在一旁不可思議地驚呼問著：「現在打獵也用無線電？」Tama Husung

沉穩地說：「我們有傳統知識規範，當然也要結合現代科技。」

隨著年輕人離開營地，我們也結束輪杯，各自鑽入溫暖的睡袋裡。隔天一早起來，發現營火徹夜燃燒，依稀有印象昨晚聽到聲響，知道年輕人拿到了 **Dihanin**（天神）給的禮物。

「過來喝碗鹿肉湯。這湯很好，滾了很久，肉都軟掉了。今天你們要趕路，喝碗湯才不會餓。」**Tama Husung** 對著我們說。

我朝烤肉架走去。架上原本充滿水分的鹿肉在炭火的燻烤下逐漸轉爲肉乾，骨肉已經分離，一邊的鹿頭則尚未去毛。我盯著角座說：「這是一隻剛掉角的公水鹿。」一口鹿肉湯下肚，鮮味從喉嚨湧上。說也奇怪，這碗湯並沒有添加任何香料，只用鹽與薑熬煮，但是滋味卻如此鮮甜，油脂飄浮在沸騰的湯汁上，喝下肚能感受到一股麥草的清香。

「這是布農族最美好的文化。**Madadaingaz**（祖靈）知道我們兩隊今天相遇，所以送給我們一頭水鹿，不只讓我們能溫飽，還能有禮物可以分送給山下的人。」**Tama Nabu** 坐在火邊補充道。

Uninang, Madadaingaz.（感謝，老人家的禮物。）喝湯前我默默致謝。

＊＊＊

布農族在山林中無時無刻不在跟 Madadaingaz 溝通，而做夢也是一種和 Madadaingaz 溝通的重要媒介。做夢在布農族是很特別的文化行爲。**Dahu** 解釋做夢或夢占，提到雖然中文是用「占」，給人占卜的聯想，但其實布農族的 **taisah**（夢）是指人跟自然的一種關係，不僅指預知的夢，更廣大的涵義是解釋布農族人如何觀察環境，同時是人與自然的連結。**Taisah** 也代表先安穩自己的心，而非急躁地決定與行動。

「這是透過夢來檢視自己是否做好準備嗎？」有回我連珠砲地向一位獵人詢問，獵人招架不住，半開玩笑對我說：「你問的這些問題，我必須去做夢一下。」

布農族在日常也喜歡透過做夢尋求指引，所以很常問夢得如何、做了怎樣的夢、是不是好夢？小米播種季也必須先做夢，如果得到的指示是可行，農夫會在小米田間用竹叉插著一塊豬肉祭告。布農族相信小米也有靈，爲了順利豐收，因此透過豬肉跟小米立約，也因此當小米收成完畢，進倉祭也必須信守承諾殺豬酬謝。

然而，夢占也並非只在睡眠中發生，這種人與自然的關聯也展現在白天的跡象中，走路跌倒、突然想到亡者、樹倒在眼前或急促的鳥叫聲都可能是一種 **taisah**。甚至極高的專注力也是。

此時我才明白過去我期待出現的 taisah 早已經流露出一些跡象，尤其是當我待在山裡面一段時間之後，彷彿能感受到自己可以看見到一些先置的畫面，大腦裡面會出現追蹤的動物樣貌。然而，在行進之間，我會達到極度專注，瞬間看見隱藏在茂密林子裡的野生動物。

對於這樣突如其來的專注力，我會停下腳步問自己，剛剛到底是幻想，還是我真的預先見到或那是過去的某次經驗被我攪混在一起？

Dahu 笑著對我說這也是一種 taisah，也說起以前當他專注於狩獵時，甚至開著車都可以從吵雜的引擎聲浪中聽到動物的腳步聲。每個人具備了不同的 taisah，這也反映出每個人有不同的 samu（禁忌），但這一切若用禁忌來解釋，就會成為族群約定俗成的倫理。事實上 samu 除了是族群共通，也同樣是個人獨有。

狩獵也是，出發之前必須先進行夢占。夢占是非常個人的事情，每一個人的夢境所代表的意義也截然不同。我聽過許多獵人分享自己的夢占，對某些人來說，春夢代表吉兆，有些人則覺得夢到動物出現在眼前代表適合出獵。

夢境甚至也會預告獵捕到的獵物。有位大哥曾對我說，若他夢到自己走到懸崖邊墜落，代表今晚可能會獵到山羊，如果做了春夢，而且很清楚看見到女性的生殖器，則是獵到山羌，如果夢到殺戮或滿地血跡，可能會獵到山豬。我邊聽邊記下每個人的夢境代表的意義。同樣的夢境，若換成另一個人，可能會有完全不同的詮釋。

昨晚看著年輕人提槍走出營地，我想起上一次帶起探照燈跟著年輕獵人 Anu 搜尋獵物的經歷。在出發前的白天，我突然問他夢到什麼？看著他笑而不答，我大概猜到 Anu 也是做到春夢才會出發的獵人。

至於「到底會不會打到獵物？」「我今天想打到水鹿！」這樣的對話，若在出發前說出則是犯了大忌。甚至必須用枴杖來隱晦指稱獵槍。布農族相信出發前大肆張揚會一無所獲。因此當晚我和 Anu 就只是默默離開火邊，退出輪杯行列，收拾好個人裝備，走入黑暗之中。

越往林間走去，越感受到溫度斷崖式的下降。因爲寒冷，我每一次呼吸都吐出一道又一道的白煙，雙手不自覺地插在口袋裡，低著頭小心走在頭燈照亮的路段上。爲了避免干擾 Anu 狩獵，我跟他保持一段距離。此時前方的年輕人已變成另一個人，提著獵槍，步伐安靜，專注的眼神不放過森林裡任何一道反光的亮點——他在搜尋動物的眼睛。

在這趟旅程中的某一天，我問他：「你爲什麼喜歡打獵？」不意外的，Anu 並未回答我這充滿人類學意味的提問。這樣的問題其實很愚蠢，如同我問自己爲什麼喜歡爬山，那有太多層面可以回答。

很多時候，從事這樣的活動並不需要解釋。我邊走邊檢討自己爲什麼會問出這具有侵略性的問題。狩獵無法用三言兩語解釋，即便如此，布農族一貫喜歡用行爲而非語言來說明，我應該從他狩獵的過程去自行找尋答案。

遠遠看見 **Anu** 停下腳步，頭燈的強烈光束在下方若隱若現。只見他突然舉起槍，朝溪溝瞄準，但是未立即開槍。等待的過程中，緊張的情緒讓我一度停止呼吸。我看著 **Anu** 前後調整了幾步，之後果決扣下扳機，火星與煙從槍口冒出，火藥撞擊發出強烈的爆裂聲音迴盪在山谷中，；我瞬間回神過來。

Anu 轉頭小聲對我喊著：「有了！有打到。是 **hangvang**，快追。」

「在哪？」

「下面，我有打到，但是牠往下跑了。快！下去，不然跑太遠就會找不到。」

Anu 急促的語氣讓現場的氣氛緊繃起來。我想到中槍的獵物白白死在山裡是多麼浪費的事情，顧不得溪谷的土石有多鬆軟，立刻嘗試硬切而下，一腳踏在長滿青苔的大石，滑了一下，腳下的石頭鬆動滾了幾圈。

我冷靜看了一下環境，內心默默喊苦，這種溪谷平時要走就已經夠困難，如今只靠一盞頭燈的光線去尋找合適的下切路線，就更加棘手了。不只如此，等一下還得把獵物扛上來！但是眼下爲了追上獵物，只能把猶疑與緊張拋在腦後，硬著頭皮跌跌撞撞下切到溪谷。

我左搖右擺地在乾溪溝之間來來回回，果眞看見石頭上有數滴鮮血。這是剛剛水鹿站立的位置，順著血跡朝溪谷下方追蹤，不久就聽見動物踢動的聲音，頭燈順著聲音照到一頭奄奄一息倒臥在溪谷的母鹿。

母鹿發現有人靠近，奮力擺動雙腳，但徒勞無功。牠已經無法再站立，橫躺的雙腳本能地踢動，試圖跑開。鹿越來越激動，鮮血從肚子的傷口不停湧出，把棕毛染成亮紅色。我發現除了中槍的位置之外，母鹿的前肢也斷裂冒出鮮血，或許是在陡峭不平的溪谷奔跑時跌斷了。

一個生命在眼前做出最後一搏的景象，直接震撼我的內心。一時之間我愣在當地不知如何是好。只見後方的 **Anu** 快步走到母鹿前面，抽出腰際的刀子，利刃直接劃開母鹿喉部，深深切開一道如同暗穴的開口，水鹿隨即斷了氣，停止掙扎。看見生命的激烈掙扎與消逝，我不禁頭皮發麻。

原來這就是狩獵。尋找、開槍、追逐，而後快速結束獵物的痛苦。我將手掌放在鹿的肚子上，感受到溫暖的身體逐漸冰冷下來。雖然早已經知道狩獵中將會見到人與自然最赤裸的互動，但是看見母鹿用盡全身力氣的最後掙扎，仍感受到強烈的不忍，一時無法言語。

但說也奇怪，在鹿吐出最後一口氣息，當生命從鹿身上消逝時，我似乎就冷靜將鹿屍當作一個物件看待，回過神，看著 **Anu**，開口問：「要在這邊處理？」**Anu** 看了一下環境，對我說：「這邊的溪溝太窄了，不好處理，而且這隻母鹿很大隻，兩個人處理太慢。」

追逐的激情退去，寒冷空氣襲來，身體微微顫抖，我發現這是一頭超過八十公斤的大母鹿。若只有我跟 **Anu** 處理，恐怕會花費太多時間，因此決定將母鹿背回營地。我為了感受獵人狩獵之後背負的辛勞，自告奮勇將母鹿從肚子抱起，勉強架在鋁架背包上，用彈力繩綁妥四肢與頭。**Anu** 半蹲，站在前方伸出雙手，而我抓住他的手腕，雙腳用力踩地，奮力站起。突如其來的重量壓得我重心不穩，晃動了一下。**Anu** 擔心地看著我：「可以嗎？會不會太重？」我深呼吸，找回重心，低著頭回答：「沒問題，我們走吧！」

我手腳並用，一步步爬回林道，靠著頭帶分攤肩膀與背部的負擔，低頭朝營地走去。此時，生命消逝的震撼已經超越我對回程的擔憂。我一心一意想著回到營地之後必須好好學習如何分切一頭水鹿，如何用布農族的方式尊重獵物。

原來獵人打獵之後，必須要如此背負獵物。光是一隻，我就這麼吃力！更別說要背負

三隻鹿，以前的老人怎麼這麼厲害。

我額頭頂著頭帶，汗大量流出，腦中不斷浮現大哥們說過的故事。身體被重量壓得不斷喘息，但感官卻無限放大。突然感受到背部一陣濕涼，汗？不是，鹿血從鋁架流到腰間沾濕我的衣服。糟糕，這樣我等下還得洗衣服……左手臂一陣搔癢，眼角餘光發現是母鹿身上的硬蜱爬了上來。

原來當我們取走水鹿的生命，蟲子感受到宿主已經死亡，便開始轉移目標，這就是真實的狩獵樣貌。我腦中不斷迴響著 **Dahu** 所說的：「當你拿走一隻動物的生命，就必須要好好充分利用。」

那晚氣溫相當低，但是我一點都感受不到寒冷，腎上腺素與背上將近九十公斤的重量，讓我專注在一步一步向前上。突然遠方出現微弱的光亮，我知道再撐一段路就能回到營火旁了。

回到營地，我輕輕放下背後的重擔，立即感受到寒氣侵襲而來，海拔二千六百公尺的冬夜確實寒冷。我們靠在火堆旁，火光照亮每個人的臉龐。

由於生肉過於沉重且容易腐壞，因此必須現場分解整隻水鹿，並製作烤肉架，將生肉煙燻烘乾，方便分裝背負下山。早睡的大家井然有序開始熬夜加工，我跟著 **Anu** 負責肢解，其餘夥伴則負責清洗內臟，並砍下灌木樹枝，製作烤肉架。

布農族是善於狩獵的民族。鹿野忠雄於一九三一年利用大學二年級的暑假進行長達七十天的台灣中央山脈脊梁探險，留下台灣山岳文學的曠世巨作《山、雲與蕃人》。那時陪伴鹿野忠雄壯遊高山的，正是布農族人。善於狩獵的布農族即便是受聘擔任挑夫，依然會攜帶獵槍，嘗試捕獵途中遇到的獵物。鹿野忠雄多次描述族人追獵野鹿、帝雉。在秀姑巒山北鞍起霧的午後，蕃人順利將水鹿一槍斃命。

我們在煮一頓豐盛的晚餐——蕃人把鹿肉切成大塊，放在炭火上燒烤，我們口咬著大肉塊，血塊照樣吃，肝臟照樣吃，鹿腦也試著生吃，吃得肚子飽飽的。現在既然在茹毛飲血，我有信心當一個布農人。蕃人的生活看起來很野蠻，但實際上非常合理的。……他們張口大啖血淋淋的肉塊，把喝剩的鹿血放進鍋內煮血湯，有人在火旁烘乾鹿皮。

在如此震撼寫實的文字描述之後，鹿野卻立刻請讀者不要急著皺眉頭。顯然，他在蕃人追捕獵物、食用的過程感受到人與自然之間深層的連結。茹毛飲血乍看原始野蠻，卻是用感激的心面對眼前的獵物。獵人——獵物，這是一種生命轉移的過程，獵人由衷感激水鹿讓自己的生命得以延續，而這是現代人缺乏的生命經驗。

將近一百年之後，我同樣參與當年鹿野忠雄所描述的過程，狩獵的行動意外讓我跟山更加親近，我感覺到體內的血液中有水鹿的生命在奔騰。**Anu** 熟練地拿起山刀，尖銳的刀鋒從胸口朝腹部劃開，並將四肢順著關節處切斷。堅韌的鹿皮讓水鹿得以抵禦外在的侵襲，在剝皮時得使勁剖開，但是又不能劃破肌肉。

刀鋒切開鹿皮，露出的鮮紅色肌肉只有在與鹿皮相接的地方有一層薄薄的脂肪。不同於人工畜養的動物，野生動物並沒有太多脂肪，這頭母鹿的體態才能如此傑出。我一邊看著皮肉逐漸分離，一邊讚嘆水鹿可以在各種環境生存。

Anu 的山刀非常鋒利，刀尖在結締組織與脂肪之間游移，在水鹿的胸口打開一道六十公分的開口之後，他放下刀具，雙腳跨在母鹿肚子兩側，彎下腰，雙手先從右側滑入，尋找皮與肌肉之間的薄膜。而後，一手頂住鹿腹，一手抓住皮，朝反方向一拉，如此不斷重複一拉一壓的動作，扯開連結肌肉與鹿皮的結締組織。

我在一旁觀察 **Anu** 熟練的動作，不出幾分鐘，即便是在這麼寒冷的冬夜，他的額頭也開始滴下汗珠，而嘴巴仍不斷吐出白煙，不斷提醒夜晚的冰冷。

皮逐漸失去支撐，於是我伸手拉撐毛皮，讓刀有空間可以動作，有時也把手伸進鹿肚將皮從脂肪上用力扯開。水鹿的體表已經冰冷，但體內仍有微微的體溫，從肚皮上方開始冒出白煙。

我距離胸腔僅僅只有三十公分，拉扯間血液噴上左臉，雙手也沾滿鮮血。雖然已經深夜，但是大腦仍然清晰，思緒飛快轉動。我等下怎麼洗手？衣服上沾染鹿的紅血！會不會有寄生蟲？我一邊動作一邊在大腦責怪自己怎麼會冒出如此愚蠢的問題。此時，鹿已經將生命給予我們，而我竟然在擔心這些枝微末節！

獵物取得不易，布農族也從中延伸出複雜的贈肉關係與強烈的氏族意識，從 Anu 分解處理獵物，將肢解的部位分門別類的放在一旁，我從他的許多動作之中，看見布農族對於分享獵物的態度。日治時期的人類學家馬淵東一在著作集提到布農族的獸肉分配與贈與都強調互惠關係。布農族有五大群，群下有大氏族、中氏族與小家族，分散在中央山脈上的每一座溪谷。布農語 **tastu baning**（共食一鍋小米），稱呼生活緊密的家族成員，因此若有獵捕到動物，必須公平分配。

獵物並非由隊員獨享，我們得辛苦背負回山下與族人分享。耆老會觀察燻乾的肉塊的形狀、大小，以此判斷獵人的分肉技巧是否成熟，若將腿肉削去太多則代表刀工仍需磨練，而這考驗著獵人的耐心與技術。

皮剝下之後，我們平鋪在地上當作墊子，從腰間抽出山刀，在喉部下方朝肚子用力劃下肌肉剖開腹腔，內臟逐漸露出，隨後一股麥草香氣傳出。原本我以爲會有腥臭味，但是鹿並非食肉動物，草食獸體內充斥著未消化完植物的芬香味，在強烈的視覺衝擊中，突如其來的香氣意外令人放鬆。

我看著 Anu 細膩卻大膽地進行分切，巧妙切下臟器的連結處，雙手伸進胸腔直達喉嚨，用力扯斷氣管，隨後將心、肺、胃、腸子……一一撈出放置一旁。隨後再帶到溪邊沖去胃腸內的草，但也不能沖得太乾淨，未消化的草和內臟一起燉煮是最好的湯。

整個分解的過程出乎意料地平靜與快速，每一次分解，鹿的外觀就逐漸消失一點，體積也慢慢縮小。我將分割完畢的肉塊放置在烤肉架上煙燻，一旁隊友則將內臟放入釜鍋內熬煮，肉香順著煙燻味飄來，直到深夜才結束所有工作。

我想到布農族的狩獵與分切其實也是從黑熊身上學來。起初布農族並不會分解獸肉，辛苦狩獵到之後往往都是像黃喉貂一樣直接從外開始啃食，不僅費力，也容易浪費獵物。

直到有天，某個喝醉酒的男子被黑熊抓走，偷聽到母熊利用他教導幼熊如何肢解獵物，才知道獵物原來可以這樣皮肉分離，原來前肢可以作爲禮物贈人，排骨要這樣切開，內臟要那樣清洗。

參與狩獵的過程意外像是上了一堂解剖課，只是在處理食用肉時必須更加謹慎。「去皮的時候，如果刮到太多肉，會被長輩念，說太浪費了。內臟通常都自己吃掉，前腿會當作禮物送人。」Anu 一邊動作一邊解釋。

前腿跟後腿的肉最多，要留下送人，排骨必須燻乾，鹿頭也不能浪費，要用刀剁開取腦，內臟也要全留下來，皮要用架子撐開放在火旁燻乾，下山之後可以製成皮革，任何部位都不浪費。

完全無法想像 Anu 才高中生的年紀，對於狩獵就有如此老成的技術。參與完整的狩獵之後，更能體會耆老那種無論如何都不能浪費獵物的堅持。

然而，狩獵是屬於夜晚的活動，我們白天依然必須趕往下一個行程。隔日早晨睡眼惺忪地起床煮早餐，稀飯添加了鹿內臟，味道更加鮮甜，隨後把煙燻的肉品依序分裝，大背包又更加沉重了。

一邊吃早餐，一邊想著前一晚的每一道流程，也想到處理完鹿肉後累得立即倒頭大睡。

天啊，是誰說當獵人輕鬆的？

後記　發自山林的情書

親愛的鄭茜茜：

停下腳步，森林開始安靜下來。

我坐在步道上的一顆石頭上，開始數著接下來的天數，一遍又一遍，一次又一次，手指算來算去。一個人入山就會這樣，想著一成不變的事情，還不如寫些東西比較實在，反正時間說快不快，說慢不慢，還是會過去。

PS：林大哥說夢到鹿角是好夢。

走到山陰，發現一坨熊的排遺，散落的樣子就像熊沿著步道邊走邊拉肚子。後來快到十里又碰到一坨新鮮的熊排遺，兩者的內含物都很相近，混雜著泥土與昆蟲殼，而且都在步道上，又都很新鮮，難道牠也要去大分，所以才沿著步道走？

傍晚抵達空蕩蕩的抱崖山屋，自己煮了一碗麵當作晚餐，倒入登山者遺留在山屋的醬料包調味，湯頭五味雜陳。大概是太久沒人來，有頭水鹿徘徊在山屋上方森林內，不時朝山屋方向嗚叫幾聲，感覺像是跟我宣告地盤似的。

隔天早上被滂沱的雨勢嚇醒，我迅速打包好行李，泡了一碗麥片當早餐，在大雨之中走出山屋朝大分前進。雨中快步行走，我幾乎沒有停下腳步休息，也沒有看到任何動物，也許是因爲天氣不好吧？但是路上到處都是水鹿排遺，在雨水中散發新鮮光亮的色澤，就像剛排泄出來一般。

＊　＊　＊

上個月離開大分後，有登山隊進來，路上多了一些垃圾，山屋的椅子也被移動過，接下來這幾天會不會再碰到登山客呢？不過若看到他們下山，我也超想跟著他們一起下山。

下午在大分吊橋前方的小溪遇到兩隻水鹿，碰巧是一公一母，只不過是一前一後分開遇到，兩隻看到人不約而同都跑開了。但是母鹿剛好跑到我要前往的步道上，我看見牠頻頻回頭看我，發現我朝牠走去，又向前跑了一段。我好想跟牠說：「我不是獵人！也不是登山客，而是研究人員，好想要了解妳與森林的關係，所以如果下次再碰面，請別這麼快就跑開。」

當我一個人在山上，有時感覺好快樂，有時又很孤單。日子有時過得好慢，碰到困難的時候，尤其氣餒。有時我就沮喪地在森林裡大叫，滿腦子想要放棄。這時候內心就會出現兩種聲音，一邊希望自己趕快放棄，另一股聲音則告訴自己必須再堅持一下。坐在山屋前面的板凳上拿出紙筆書寫，靈感跟想法會一直從腦中跑出來，有時一抬頭看見前方山坡的松樹林與大崩壁，突然出神了，好美！但是一時又找不到形容詞來描述眼前景象，就很自然，很自然的樣貌。

我早上出門蒐集數據的時候，碰到了三對母子檔，當中有兩對是山豬，一對是水鹿，這可以說是山神給我的驚喜，那麼我可以拜託讓我遇到黑熊嗎？我猜動物這麼容易發現人類，一部分原因是人類走路步伐太重了，動物遠遠就能聽見腳步聲。這兩天碰巧下雨，窸窸窣窣的雨聲掩蓋了我的聲音，有幾次動物都沒發現我靠近，所以我們幾乎同時撞見對方！

山豬媽媽就是這樣，完全沒發現我的存在，朝著我走過來。當牠一個抬頭發現我站在眼前，立刻飛奔逃開，我連相機都還來不及拿出來……下午天氣總算轉好，不過雲霧還是一如往常卡在大分山屋對面的好漢坡上。傍晚四點多，藍天一度出現，這是這幾天我第一次看見藍天，心情都開了！好天氣就讓人期待今晚會有滿天星星。

今天下午我沿著步道在大分瀑布附近散步，突然發現自己也正在當亞歷山大超級遊民（《阿拉斯加之死》），我在大分就像是在阿拉斯加一般，獨自一個人在大自然裡面，陪伴我的是一群野生動物。雖然我入山是進行研究，不過每天都坐在溪旁看著水流發呆一段時間，但其實腦袋也不斷亂想，只是最後還是呆呆看著溪水不停流動。散步有時會遇到水鹿，通常我就停下來看著，直到牠離開爲止。有時我會對著山谷鬼叫幾聲，再拿本書坐在山屋前面翻了起來。

昨天晚餐後喝的咖啡意外讓我失眠，半夜走出山屋，竟然飄起霧雨，不過早上又是大分式的熱情大太陽，陽光從山坡緩慢降至溪谷，照得森林呈現燦爛金黃色。可惜下午鋒面從拉庫拉庫溪谷湧入，雨也跟著飄下，工作結束之後，我靠在門旁喝著咖啡看著水氣不斷往山上爬。大概是昨夜失眠的關係，我竟然夢到今天是下山日，開心了一陣，醒來當然格外惆悵，所以看著雨景有點失落。

夜晚有一隻山羊路過山屋前面，不疾不徐踩踏山屋廣場的石板，發出如同恐怖片的腳步聲。我一邊寫日記，腦中想像著妖怪撲到窗前，窮緊張一陣，之後點亮頭燈鼓起勇氣打開山屋大門走出去，只見一頭山羊跟我四目對望。看牠朝我好奇觀望的可愛模樣，剛才的緊張氣氛瞬間融化。打衛星電話下山，得知明天開始又要變天，不過這幾天山上天氣都不好，變天是要變成怎樣的天？希望藍天趕快來。

晚上我睡得很沉，完全沒聽見平時都會在山屋奔竄的那隻高山白腹鼠的細碎腳步聲。

剛睡著沒多久，我夢到自己看見一頭黑熊在樹上大快朵頤青剛櫟。早上起床我帶著期盼的心情走進森林，不過還是沒能遇到黑熊，沒關係，我想一定還有機會能遇到。今天果然變天了，氣溫下降好幾度，風吹來充滿寒意，雲霧依然卡在山屋對面的山坡上。大分山屋的太陽能熱水已經完全冷卻，剛才洗澡只依稀感覺微溫，眞懷念山下無限的淋浴熱水澡。

* * *

入山五天之後，生活的節奏逐漸歸於平常，每天都在差不多時間醒來，出門進行實驗，傍晚回到山屋放下裝備，然後四處散步。有時候會對著山神說話，祈求研究能順利，祈求能平安下山，然後在山屋上方的河階平台走走，期待樹上碰巧有熊讓我看見。傍晚藍天有用力出現一下，然後濃霧就迅速覆蓋上去。天氣轉爲乾冷，待在山屋不動，就會感覺到寒意竄入袖口，拉緊保暖衣仍然不夠，只好不停喝著熱水，希望這波鋒面能趕快離開。

山蘋果非常苦澀難以下嚥，不過加入砂糖一起熬煮水果茶則是另一番滋味。此外，土肉桂種子加上米酒和鹽巴會造就難以想像的香氣，適合煮麵時加入些醃漬土肉桂，湯頭變得相當濃郁。沒有蔬菜的時候，回程途中順手折斷 Lili(瓦氏鳳尾蕨)的芽，但是必須先將它單獨煮過，再泡鹽水去除植物鹼，才能料理。這幾天都有做夢，我又夢到一間家屋旁的大樹上有隻黑熊，只是夢境多半都沒能實現。剛上山時期待早日下山的想法也消失了，現在反而感覺自己更融入山上的日子，也更能放下山下的牽掛。

回想自己剛踏入登山口時，感覺突然變得不真實。雖然之前就做好無數準備，不過當走進步道，就有種即將要啓動的感覺。

入山前在部落喝酒，不知不覺又被取名「烏浪」。雖然我很堅持叫我郭熊就好！但是七分酒意的魏大哥說烏浪在部落是工作認眞的人。不過南投那邊的朋友笑著跟我說：「可是，在我們那邊，烏浪是酒鬼！」布農族的文化挺有趣的，會看一個人的個性、特徵、習慣或事件，去尋找對應的名字，也許是這樣才發展出地域差異。不過還是有些共通性，例如 Lon 普遍都代表高壯的男子，刀巴斯則是厲害的獵人。只是一旁喝酒的大姊們都普遍認爲烏浪這名字適合我，只見他們七嘴八舌的討論著，因爲名字沒取好是會生病！

結束一天的工作之後，趁著難得沒有雲氣的夜晚，我拿出衛星電話站在大門等待訊號出現，撥通之前聽著斷斷續續的來電答鈴，有種不切實際的感覺，電話另一端聽見妳的聲音特別遙遠。衛星電話讓我們得以對話，但是我腦中浮現星野道夫在阿拉斯加極圈之下凝視星空，看見極光灑落在雪地之上，驚呼寫下「想到我跟居住在東京的人一同望著同樣的星空，如此不可思議」。

回到通鋪寫日誌，窩在睡袋裡面趴著回想一天的經過，格外放鬆，一如往常六點半起床之後，我循著水管路走到盡頭，再朝上坡走，同樣會看一看青剛櫟樹上的熊抓痕，經年累月之下，新的抓痕覆蓋在舊的抓痕之上。一旁的熊窩是用賽山椒灌叢搭成，感覺十分蓬鬆有彈性，看起來相當舒適，彷彿眼前有一隻熊四腳朝天慵懶地窩在裡頭。

路上有許多新舊不一的熊便便，有大有小。熊在大分吃的不外乎就是青剛櫟、台灣蘋果或呂宋莢蒾，這幾種果實的外觀一眼即可認出。呂宋莢蒾會幾乎整顆排出，因此排遺呈現鮮紅色。台灣蘋果則因粗糙不易消化，排遺會有果渣。青剛櫟則會徹底消化成泥狀。對呂宋莢蒾而言，每一坨熊便便都是一個新的播遷希望。種子被熊吃下肚後，隨著熊離開了母樹，又隨著排便來到新環境。

排遺偶爾會出現動物的毛，因此，我們習慣蹲在地上盯著排遺，必要時還用樹枝翻攪，仔細挑出殘渣中的毛髮，苦主是誰？山羌的毛偏細，棕色混合白色漸層，水鹿的毛粗且長，山豬還有點黑棕色，最難的可能是山羊。如果此時恰巧有人瞧見，應該會對如此大費周章的舉止感到不可思議。

放晴的早晨，大太陽曬下來十分舒服，特別是經歷過寒流之後。現在我放下背包，坐在長椅上享受著太陽，就像第一天辛苦從溪谷底爬上大分山屋一樣心滿意足。在山上即便吃飽睡飽，但是每天的步行量依然會累積疲勞，若不斷注視著疲勞感，只會更加勞累，所以我刻意把注意力放在動物的痕跡上。

＊　＊　＊

今天整日都是風和日麗的好天氣，下午陽光從二葉松的樹梢照射下來，松針散發薰香，大樹倒影在金黃色的二葉松針地上，我不斷拿出相機拍攝。呂宋莢蒾上垂下一串串鮮紅飽滿的果實，鳥群飛竄在森林之間，森林充滿著生機。只是越靠近冬季，日照越不允許我慢慢來，隨著太陽消失在中央山脈後方，森林立刻黯淡下來，天黑前一群松鴉從眼前的青剛櫟飛過，發出吵嘈的叫聲，在樹枝間跳上飛下，就像一群引人注目的青少年。

雖然立冬剛過，但是只要沒有寒流，大分白天的陽光和溫度都十分宜人，紫外線甚至強烈到刺痛皮膚。這短暫的日照是清洗衣物裝備最佳的時候，只要可以曬到太陽的地方我都會充分用來晾曬。只是下午兩點一過，太陽越過中央山脈，陽光一斜，谷風吹起，雲霧順著河床蜿蜒而上，溫度就開始下滑，風吹來帶有涼意，再晚一點就需要穿上保暖外套。

目擊野生動物的機會逐漸增加，每天都能碰上水鹿，但是都以母鹿居多，有時兩隻一起活動。此外，還有一隻長鬃山羊停駐在賽珂仙人掌隧道附近，似乎還是很怕人，每次前去都能聽見牠奔跑踢落石頭發出的響聲混雜著急促的叫聲。相較於山羊，大分學校附近的母鹿似乎就不太怕我，今天我坐在石頭上休息，牠竟然從後方的草地經過。

和動物相遇，最遺憾的莫過於「遠在天邊，近在眼前」。前幾天在河階地上尋找動物，我目光在遠方草地與松樹之間游移，怎樣都沒想到竟有母水鹿窩在附近茂密草叢裡，直到牠拔腿狂奔而去，我才遺憾未能及早發現！

另外，最刺激的就數誤打誤撞的相遇。有次我從山屋上方的小草原找路腰繞到另一側山谷的過程之中，在一轉彎處突然聽見動物的腳步聲！我還沒看見，直覺先立刻停止腳步，動物也感受到前方有莫名生物而停下腳步。此時鬥智不鬥勇，雖然看不見彼此，不過都可以感覺到對方就在不遠處，因此採取「你不動，我也不動」的策略。正當我在思考要如何是好，突然之間，動物叫了一聲，隨後朝下奔跑，我立刻看見一頭壯碩的野豬，只是這樣相遇不到五秒，牠就消失在森林之中。

似乎有更多黑熊來了，樹上出現新的抓痕，路上多了一些新的熊排遺。但也僅只於此。水鹿還是最容易遇到的動物，有一頭初次長角的公鹿，第一次相遇時牠一臉疑惑看著我，想必是第一次見到人類吧。年輕的公鹿對眼前的人類充滿好奇，我內心默默說：要好好的活著啊！

在大分待了數天之後，發現有趣的動物相遇分布。山屋上方的小草原附近似乎有一隻野豬長住，賽珂附近則有一隻長鬃山羊，大分學校的平台上最常出沒的是幾隻母水鹿，至於沿著水管路生長的瓦氏鳳尾蕨叢則有兩隻公山羌。

＊　＊　＊

中午過後水氣湧上來，很快下午就飄起陣陣霧雨，從衛星電話得知這一兩天有鋒面經過。看著窗外滴下的水珠，內心依然期待明天起床看見的會是晴天。雨不停落下，山屋後方那株台東柿泛黃落葉會被打落多少？柿子落葉之後，遠遠就能看見鮮黃色的果實掛在枝頭上。不過下雨時動物比較不會發現人的氣味。

山屋前面有一棵化香樹，這是胡桃科的落葉喬木，每逢冬季樹梢的羽狀複葉全數枯黃落下，只剩掛在末梢的毬果，樹枝隨風搖擺。另一側，山屋北方的古道上的幾棵山柿早已光禿禿一片，冬季的蕭瑟夾在鬱鬱蒼蒼的闊葉林地之間，孤寂感在踩踏枯黃落葉之間流瀉而出。

昨晚的水氣持續到今日早晨，不過走進森林就相當愉快。細雨大部分被樹冠擋住，走在林下無需穿著雨衣。稜線下方傳來野豬的叫聲，突然有種走到養豬場附近的錯覺，不曉得有幾隻野豬在活動。

鋒面離開，雖然風吹來會感到寒冷，不過溫暖的陽光巧妙彌補了體溫。我像隻動物一樣，靜靜躺在陽光曬得暖乎乎的松樹旁，享受一個人自在的感覺。總是在這樣的時刻，我慶幸自己並非身處於都市環境。我無法想像自己脫離山林，穿西裝打領帶坐在辦公桌前枯槁的模樣。現在已經不會急切想念山下食物，即使就要下山了。

想到自己能在山裡面工作，心靈是滿足的，我喜歡自己在山裡的笑容，也許身體很疲勞，不過停下腳步仔細思考，我一點也不匱乏，只要能填飽肚子，其餘物質都是多餘。上午收拾器材，下午放鬆地坐在山屋前喝著咖啡愉快地閱讀，直到雲氣再次從溪谷下游湧來，陽光已經不足以抵擋風吹來的寒意。

闔上書本，準備下山。

郭熊

走進布農的山

作　　者｜郭彥仁（郭熊）
校　　對｜魏秋綢
排　　版｜謝青秀
責任編輯｜賴淑玲
行銷企畫｜陳詩韻

總 編 輯｜賴淑玲
出 版 者｜大家出版／遠足文化事業股份有限公司
（讀書共和國出版集團）
發　　行｜遠足文化事業股份有限公司
231 新北市新店區民權路 108-2 號 9 樓
電　　話｜(02)2218-1417
傳　　真｜(02)8667-1065
劃撥帳號｜19504465　戶名｜遠足文化事業股份有限公司
法律顧問｜華洋國際專利商標事務所　蘇文生律師
定　　價｜350 元
初版一刷｜2022 年 4 月
初版七刷｜2024 年 8 月

國家圖書館出版品預行編目 (CIP) 資料

走進一座布農的山 / 郭彥仁（郭熊）著 . -- 初版 . -- 新北市 : 大家出版 : 遠足文化事業股份有限公司發行 , 2022.04

面；　公分

ISBN 978-986-5562-54-0（平裝）

1.CST: 臺灣遊記 2.CST: 生態旅遊

733.6　　111003656